Au Pays du Feu

Biskra

et

Les Oasis Environnantes

PAR

L'ABBÉ JEAN HURABIELLE

Ancien secrétaire du cardinal Lavigerie.

PARIS
AUGUSTIN CHALLAMEL, ÉDITEUR
Rue Jacob, 17

—

1899

AU PAYS DU BLEU

BISKRA

ET LES OASIS ENVIRONNANTES

Au Pays du Bleu

Biskra

et

Les Oasis Environnantes

PAR

L'ABBÉ JEAN HURABIELLE

Ancien secrétaire du cardinal Lavigerie.

PARIS
AUGUSTIN CHALLAMEL, ÉDITEUR
Rue Jacob, 17

—

1899

INTRODUCTION

L'auteur de cette brochure a eu l'occasion, soit à titre de secrétaire du cardinal Lavigerie, soit comme simple touriste, de passer plusieurs hivers à Biskra, la capitale des Zibans. En 1889-1890, en 1896-1897, il y a fait un séjour de six mois environ, ce qui lui a permis à la fois d'apprécier son climat et de constater les progrès si rapides de son hivernage.

Voilà pourquoi il croit pouvoir communiquer au public, afin de faire mieux connaître les imcomparables avantages climatériques de cette station naissante, les observations qu'il a recueillies sur place, ses impressions personnelles et des notes puisées à des sources autorisées. Sans épouser les querelles locales qui stérilisent bien des tentatives louables et font tant de tort à la *Reine des Oasis*, il a voulu apporter son humble pierre à l'édifice et contribuer, dans la mesure de ses forces, au développement de cette cité du soleil.

Paris, la France, l'Algérie ne se doutent pas du magnifique joyau qu'elles possèdent par delà les gorges d'El Kantara, au seuil même du désert.

Ces pages, où il aurait désiré faire passer comme une vision de son azur sans tache et de ses solitudes chaudes et lumineuses, lui serviront du moins à payer son tribut de reconnaissance à Biskra pour les jouissances profondes que son ciel lui a procurées et la santé qu'il lui a rendue.

C'est ce qui explique, d'ailleurs, l'affluence progressive de touristes et d'hiverneurs qui fuient les civilisations raffinées et les frimas pour venir demander au soleil du Sahara force, gaieté, renouveau de jeunesse et de vie ; aussi la ville de Biskra, qui hier encore était déserte (1), est-elle aujourd'hui une station fréquentée par des colonies d'Anglais, de Suédois, de Hollandais, d'Américains et même d'Allemands. Je ne parle pas des Parisiens : ils arrivent toujours les derniers.

Donner du nouveau n'est pas, à coup sûr, chose facile, l'auteur n'y prétend pas ; il s'est

(1) Les armes de la commune de Biskra, sculptées au frontispice du portail de l'hôtel de ville, portent cette devise : *Hieri solitudo, hodie civitas.*

proposé surtout de compléter et de mettre à jour les guides et les brochures qu'on a déjà publiés sur ce sujet, et il espère y avoir réussi.

Dans ce but, il a largement mis à contribution le Guide Piesse, les *Relations* de Largeau, Dubocq, Martin, Ibn Khaldoun, les études si intéressantes du général Daumas, les récits patriotiques du capitaine Perret et le volume assez récent, paru à Londres en 1893, dont l'auteur, A. Pease, est un fidèle ami de la jolie station saharienne. Plusieurs articles de l'*Algérie Hivernale*, devenue depuis *le Courrier de Biskra*, ont été aussi consultés avec fruit par l'auteur. Enfin la *Carte des forages artésiens du Sud-Constantinois*, celle des *Stations préhistoriques de l'Oued Rirh* et le plan de Biskra, qu'on lui a si gracieusement communiqué, lui ont été d'un grand secours (1).

L'auteur n'ignore pas que des artistes de talent s'en vont nombreux chaque année, loin des banalités classiques, chercher à Biskra des inspirations nouvelles et retremper leur pinceau dans cette lumière si intense et si pure qui les ravit.

Rome, avant eux, s'était éprise de cet azur inaltérable, de ces horizons infinis, ainsi qu'en

(1) Nous engageons les lecteurs anglais à consulter les ouvrages de Murray, Lambert Playfair, Harris et Ch. Flower.

témoignent, d'une part, les ruines de thermes, de citadelles, de tombeaux, éparses aux alentours et, d'autre part, les documents de MORCELLI, au mot *Vescera* (Biskra), dans son *Africa christiana*, où il parle de ses anciens évêques.

Aux efforts persévérants des colons béarnais tels que MM. Dufourg et Casenave qui ont tant fait pour la prospérité de Biskra, à ceux de Lavigerie et des héritiers qui continuent son œuvre, à ceux enfin de la Cie de l'Oued Rirh, fondée et dirigée par MM. Fau et Foureau, l'auteur est heureux de joindre le fruit de son travail et de son expérience personnelle. Son but est de se rendre utile non seulement à Biskra, mais encore aux santés ébranlées, aux tempéraments affaiblis par le ciel brumeux du nord, aux gourmands d'immensités lumineuses et de printemps éternels, à tous les esprits curieux, à tous les cœurs fatigués qui voudront, loin de la fièvre de civilisation qui nous consume, oublier dans un coin vert et joli, au sein d'une nature reposante, les soucis, les préoccupations et les amertumes de la vie.

PREMIÈRE PARTIE

BISKRA

CHAPITRE PREMIER

L'ARRIVÉE A BISKRA PAR LES GORGES D'EL KANTARA

Lorsque, en 1889, je fis pour la première fois le voyage d'Alger à Biskra (1), où j'allais tout disposer pour la prochaine arrivée du cardinal Lavigerie, je fus vivement impressionné, comme tous ceux qui m'avaient précédé et, sans doute, ceux qui m'ont suivi, par le contraste violent qui éclate presque, entre le ciel du Tell et le ciel du Sahara, aux pittoresques gorges d'El Kantara.

---

(1) Je fais grâce à mes lecteurs des renseignements relatifs aux services de bateaux et de chemins de fer qui encombrent la plupart des *guides* déjà parus. Ils trouveront ces indications dans le *Guide officiel des passagers*, publié par la Compagnie générale transatlantique, et dans tous les *Indicateurs de chemins de fer algériens et tunisiens*.

J'ai publié à cette époque mes notes de voyage dans la *Revue exotique illustrée*, dans l'*Almanach des Missions* et dans une petite brochure aujourd'hui incomplète ; or, chaque fois que j'ai traversé ces gorges, j'ai retrouvé et revécu les impressions de la première heure.

Elles sont, du reste, celles de tous les voyageurs auxquels il a été donné de contempler le même spectacle. Quel est l'homme que pourrait laisser indifférent son irruption soudaine dans la région désertique ? Se trouver transporté en une seconde du brouillard en plein azur, des hauts plateaux dans le Sahara et alors que tout conspire à brusquer la transition, c'est plus qu'il n'en faut pour être secoué d'enthousiasme. Le célèbre peintre Fromentin n'a pas été insensible à ces beautés ; il a traduit son admiration non seulement en toiles magiques, mais en des lignes si précieuses que les hôteliers s'en font aujourd'hui une réclame.

« Le voyageur qui se rend de Constantine à Biskra, écrit Pease, est naturellement porté, en approchant des gorges d'El Kantara, à contempler les cîmes rocheuses de l'Aurès ; il n'est pas loin de l'endroit où finissent les plaines et les fertiles plateaux du Tell, il attend avec impatience le moment où il va traverser ce massif, parce qu'un nouveau monde doit s'offrir à sa vue... Je ne connais pas de lieu où se puisse voir un contraste aussi frappant... Pendant une minute on se trouve dans la pénombre des gorges profondes et les ténèbres du tunnel, puis, subitement, on passe dans un paysage rougeâtre, lumineux, azuré : on est dans la patrie des palmiers. Il semble qu'à travers ces monts, qui séparent la région saharienne des forêts, vallées et pâturages du Tell, cette trouée soit la seule entrée possible dans le désert... » (1).

Devant vous se déploie l'immensité désolée ; mais dans le rouge incendie du soleil couchant, au pied des rochers orangés qui se dressent à l'ouest par assises régulières, au milieu de l'étendue sans fin de sable et de montagnes pelées qui découpent au loin l'horizon, vos yeux se reposent avec charme et ravissement sur les vertes palmes des trois oasis d'El Kantara.

Ce coin est plein de réelles beautés, et de Biskra il vaut la peine d'y revenir.

L'*Hôtel Bertrand* est recommandable sous tous les rapports. Il fournit aux touristes ce qui est nécessaire en fait de guides, montures et

---

(1) Trois passages conduisent du Tell dans le Sahara, ce sont les défilés de M'Gaous, d'El Kantara et de Ghezla. Le second est le plus direct.

provisions pour la chasse ou les excursions dans la montagne. Pour les malades et les convalescents, El Kantara est une station intermédiaire, une sorte de transition naturelle entre le climat du Sahara et celui du littoral méditerranéen de l'Afrique.

Il existe dans le voisinage des vestiges nombreux de l'occupation romaine. Les ruines les plus remarquables se trouvent à Kherbel el Bordj (7 kil. d'El Kantara); on y reconnaît l'ancien *Burgum Speculatorum*, construit sous Caracalla (211-217), par ordre de Marcus Valerius Senecio. Lorsqu'on chasse le mouflon au sud-ouest de ces parages, il est facile, en parcourant la plaine, de retrouver l'emplacement de l'ancienne ville romaine et d'en reconstituer le plan. Non loin des ksours, j'ai fait, à dos de mulet, le tour d'un immense *camp de César*. Il y a dans cette région, à n'en pas douter, des ruines inexplorées, des secrets enfouis et des surprises réservées aux archéologues de l'avenir.

La voie ferrée, inaugurée en 1888, longe l'*oued Guebli*, devenu l'*oued el Kantara* (1), en attendant qu'il s'appelle, plus en aval, l'*oued Biskra*. Il coule encaissé au fond des gorges, par dessus

---

(1) Après avoir reçu l'*oued Abdi*.

lesquelles est jeté un pont d'une seule arche qui a donné son nom arabe à la localité. De construction romaine, il a perdu sa physionomie primitive par suite d'une restauration faite sous Napoléon III ; si on l'a conservé, c'est à cause de son importance stratégique : sa possession rend maître du passage du Tell dans le Sahara oriental de l'Algérie, si bien défini par les Arabes *Foum es Sahara*, bouche du désert ; sa position sur le défilé est fort pittoresque et la vue qu'on découvre de là dans la direction de l'oasis, dont on aperçoit les premiers palmiers, est vraiment admirable.

Si l'on traverse le pont, on remarque sur le rocher, dans un encadrement qui a dû recevoir autrefois une inscription sur marbre ou sur bronze, ces mots plus modernes : 2ᵉ *et* 3ᵉ *de ligne*, 2ᵉ *du génie*, 1844, rappelant les travaux de la route.

El Kantara, le *Calceus Herculis* des Romains, devait être une position militaire importante. On rencontre pêle-mêle, dans les bâtisses en pisé de l'oasis et dans la mosquée, des fragments de fûts, de chapiteaux, de colonnes, des ornements d'architecture ; l'écurie d'un cabaret français situé sur la route, à l'enseigne : *Au retour du Sahara*, est un bâtiment romain. Des inscriptions semblables à celle du pont rappellent, comme à Lambèse, le passage de la fameuse 3ᵉ légion.

L'oasis d'El Kantara est formée de la réunion de trois dacheras qui sont : Khrekar, sur la rive gauche de l'oued, Dahraouïa, sur la droite, Kbour el Abbas, au confluent de l'oued Biod et de l'oued Kantara. Ces trois villages, au milieu de 20.000 palmiers, sont entourés d'un mur en pisé, assez fort pour résister autrefois aux attaques des maraudeurs et flanqué de tours du haut desquelles ils étaient signalés.

La population des trois dacheras est de 2000 h. Les femmes tissent la laine, les hommes cultivent les palmiers et un peu de céréales dans les jardins conquis par les irrigations sur les terrains d'alluvion des bords de la rivière, et arrosés au moyen de grossiers barrages et de canaux (*seguias*), qui portent partout la vie et la végétation...

Si la vue du pont est une des plus magnifiques, celle qu'offre l'oasis se détachant sur les masses gigantesques des rochers du djebel *Gaous* et du djebel *Essor* mérite les mêmes éloges.

Le chemin de fer, avant de traverser l'oasis, passe dans trois tunnels de 160, 20 et 100 m.

A 165 k. de Constantine on trouve un viaduc sur l'oued *Biod*; un peu plus loin, un café maure, le cimetière européen et un caravansérail en ruine. Jusqu'à El Outaya la route, suivant l'oued d'assez près, passe sur des terrains pleins de cailloux roulés et de fossiles, parmi lesquels on voit des oursins, des huîtres et des peignes en grande quantité.

« Ensuite le chemin de fer rase, à gauche, le pied du djebel *Selloun*, contrefort du djebel *Kteuf*; il est couronné par les ruines d'une redoute, *Burgum Commodianum*, élevée par les ordres de Marc Antoine Gordien, fils de Marcellus, pour servir d'observatoire entre deux routes et veiller efficacement à la sûreté des voyageurs : l'une de ces routes est celle d'El Kantara à Biskra, l'autre est probablement celle que remplace aujourd'hui un sentier arabe allant également d'El Kantara à Biskra en passant par Teniet Tizin, Beni Ferah, Beni Zouik, Djemora et Branis. Cette excursion se recommande aux touristes amateurs de sites sauvages : on rencontre çà et là des villages perchés sur les montagnes et accessibles seulement au moyen de cordes et d'échelles, comme dans certaines localités de la Syrie. On trouve à coucher dans les endroits indiqués ; mais on fera bien de garnir les cantines de vivres (1). »

(1) Piesse.

Nous voici bientôt à la Fontaine-des-Gazelles. En avant, sur la rive gauche de l'oued Djemora, affluent de l'oued El Outaya, se trouvent un café maure et la ferme *Rose*. Au pied du djebel *Khroubsel* est situé El Hammam, ou thermes *Aquæ Herculis* ; une piscine profonde de quatre à cinq pieds reçoit non loin de là les eaux (36°) du Khroubset qui ont une odeur hépatique et une saveur saline prononcée. On voit alors le djebel *Gharribou*, également appelé djebel *el Melah*, montagne de sel. Cet immense amas de sel, qui rappelle le Rocher, entre Djelfa et Guelt es Stel, est exploité grossièrement et d'une manière superficielle par les indigènes qui enlèvent, au retour de la belle saison, les blocs dégagés par les pluies hivernales pour les transporter à dos d'âne sur les marchés du Tell et des Zibans.

C'est ensuite la grande plaine, El Outaya, dont le village est sans doute situé sur l'emplacement de l'ancienne *Mesar Filia*. A 266 m. d'altitude se trouve le ksar, construit sur une immense butte et entouré de nouvelles plantations de palmiers. On y voit des ruines romaines, celles, entre autres, d'un amphithéâtre, dont une inscription encastrée à la porte du caravansérail rappelle sa réédification sous M. Aurèle, Antonin et L. Aurèle Commode. « Les environs offrent un grand développement de cultures, mais qui sont loin d'atteindre celui qu'elles devaient présenter sous la domination romaine; on en peut juger par les restes d'un aqueduc, placé auprès du gué et traversant la route, qui faisait arriver les eaux dans les parties supérieures de cette vaste plaine, et par les ruines assez considérables que l'on observe sur les deux bords de la rivière entre El Kantara et El Outaya (1). »

Nous traversons l'oued sur un viaduc métallique et nous apercevons à droite la ferme *Dufourg* au delà de la route et de la rivière; c'est un modèle d'exploitation agricole et d'élevage fondée par la famille dont elle porte le nom; les environs sont très giboyeux.

Encore un viaduc sur l'oued et nous voici au *Col des Chiens*. Plus loin, nous passons au pied d'un ancien fort turc dominant la rivière et dont les ruines ont fait place à un blockaus, qui protège le barrage, et les réservoirs de Biskra, achevés en 1897 (2).

Un peu plus bas, à côté de l'ancien hippodrome, se trouve le cimetière français de Biskra, où ont

---

(1) Dubocq.
(2) Ces bassins, au nombre de trois, contiennent de cinq à six mille mètres cubes d'eau potable.

été transportés les restes glorieux de nos soldats tués à Zaatcha et à Seriana.

A l'époque où les frères Aroudj et Kheir-ed-Din fondèrent la Régence d'Alger, les tribus sahariennes jugèrent sans doute le moment favorable pour devenir libres et s'affranchir de tous les impôts. Biskra, Tuggurt et Ouargla, malgré les montagnes et la longueur des routes qui les séparaient d'Alger, furent visitées, pillées et rançonnées par Salah Raïs, troisième pacha, en 1553. De cette époque date aussi la création de la citadelle, plus connue sous le nom de *bordj turc*, élevée à la prise des eaux de l'oued Biskra, nécessaires pour l'arrosage des palmiers.

Le nom de Salah devait peser sur Biskra. La résistance opposée par cette ville au bey de Constantine, lorsque ce dernier allait châtier Tuggurt, amena sa ruine : Salah-Bey la détruisit pour éviter tout retour de rébellion, fit massacrer les principaux cheiks et ne laissa les habitants s'établir dans la même localité qu'à la condition de se fractionner dans plusieurs centres différents. Salah parcourut quatre fois les Zibans où il laissa, comme partout, des souvenirs de son esprit organisateur. Le partage des eaux n'était plus en harmonie avec les mutations nombreuses qu'avait subies la propriété ; Salah fit faire le recensement des oasis et distribua l'eau proportionnellement au nombre de palmiers ; ces divisions servaient encore de base à la culture à l'époque où nous avons pris possession des Zibans.

Lorsqu'on approche de l'oasis de Biskra par la voie ferrée, le premier coup d'œil est superbe. En contournant le pied des hauteurs où était jadis perchée la forteresse, on voit, aux derniers rayons du soleil couchant, les vertes palmeraies se détacher sur le fond rouge, pierreux ou sablonneux du désert, et l'on admire toute cette nature étrange noyée dans un océan de lumière d'or. Les montagnes lointaines se colorent successivement de rose, de rouge, de violet et d'opale ; mais les couleurs de ce tableau désespèrent l'artiste qui essaie de les reproduire.

CHAPITRE II

L'INSTALLATION A BISKRA

Le premier soin de l'hiverneur ou du touriste, en arrivant à Biskra, est d'y choisir un bon hôtel, proportionné à ses moyens.

L'*Hôtel du Sahara*, rue Berthe, est le plus ancien de Biskra. Situé en face du jardin public, près du bureau de poste, de l'église, de la mairie et du marché, il me paraît un des plus recommandables à tous les points de vue. On y fournit des provisions et des guides aux chasseurs et excursionnistes. Les prix varient de 8 à 12 fr. par jour, suivant la chambre que l'on occupe.

L'*Hôtel Victoria*, bien construit et très confortable, est mal situé, non loin de la gare. Malgré quelques constructions récentes au nord, Biskraville tend surtout à s'agrandir et à se développer vers le sud, en pleine oasis, du côté du soleil.

L'*Hôtel Terminus* depuis peu de temps est devenu une maison meublée ; il se trouve auprès de l'*Hôtel Victoria.*

L'*Hôtel de l'Oasis*, rue Cardinal-Lavigerie, vient d'être superbement aménagé ; il fait également face au jardin public. Très recommandable et très sérieux, il prend des pensionnaires depuis 8 fr. 50.

Le *Royal Hôtel*, le plus somptueux de tous, comme aussi le plus récent, est une véritable copie de l'architecture mauresque. Situé sur la route de Tuggurt, à côté du Dar Diaf, il montre au loin le rayonnement de son minaret et de ses blanches arcades enchâssés dans cette immense émeraude, l'oasis. A ce cachet oriental il joint le confortable moderne ; aussi la plupart des voyageurs fortunés descendent-ils dans ce petit palais, où l'on rencontre surtout des enfants d'Albion. Ces derniers y viennent même si nombreux qu'on a dû transformer, l'hiver dernier, une des plus belles pièces de l'hôtel en une chapelle anglicane où officiait un pasteur.

En outre, les propriétaires du *Dar-Diaf* ont fait construire dans son plan un hôtel luxueux, destiné principalement à ceux des artistes et des amateurs qui viennent à Biskra pour amuser et s'amuser.

En dehors des hôtels, il est toujours possible, surtout depuis quelques années, de se loger en meublé ou non, à des conditions peu onéreuses, et c'est ce dernier mode de logement qu'il convient d'adopter quand on veut hiverner en famille ; mais dans ce cas, on aura bien soin de ne pas oublier sa cuisinière, car on n'en trouverait pas à Biskra.

Voilà donc des oiseaux frileux du nord chaudement installés, à plus de 2000 kilomètres de Paris, sous le plus beau ciel qui se puisse rêver. Le voyage, à la vérité, a été un peu fatigant, surtout s'il a fallu venir de Suède et de Norvège, de Pétersbourg ou de Berlin. Mais Londres et Paris sont à trois jours de Biskra : il faut un jour à peine jusqu'à Marseille, un autre jusqu'à Philippeville, d'où les wagons de l'Est-Algérien vous transportent à Biskra en douze heures. Les dernières étapes de cette course vers le soleil sont ingrates ; mais, n'est-ce pas au prix de bien des privations qu'il faut conquérir nos meilleures jouissances ? Heureux le voyageur qui peut échapper au brouillard, à la neige et aux frimas sans s'imposer d'autres sacrifices qu'une traversée de vingt-huit heures, et un voyage de quelques heures à travers des contrées brûlées par ce même soleil qu'il bénira demain !

CHAPITRE III

BISKRA. — EXCELLENCE DE SON CLIMAT

Il convenait que les immensités désolées du Sahara eussent de ci de là quelques îles de verdure, des coins privilégiés, et au milieu de cet enfer qu'est le désert, ces paradis délicieux qu'on appelle oasis. Or, de toutes les oasis des Zibans (1), Biskra est sans contredit la plus importante et la plus renommée.

Depuis longtemps les médecins ont compris quelle était l'excellence de sa situation et de son climat. Aussi s'habituent-ils à diriger plus nombreux chaque hiver les victimes des brumes septentrionales vers ces latitudes ensoleillées. Malades, débilités, simples curieux accourent vers la *Reine des Zibans* se régénérer au soleil

---

(1) *Zab*, en arabe, signifie oasis et fait au pluriel *ziban*. Nous avons adopté l'orthographe française consacrée par l'usage.

du Sahara, ce thaumaturge souverain et incomparable.

« Il y a une vertu dans le soleil », disait Lamartine en présentant au monde littéraire le chef-d'œuvre de Mistral ; c'est, à coup sûr, un remède merveilleux et il constitue, aux yeux des thérapeutistes, l'un des agents les plus efficaces qui puisse aider la science humaine pour la guérison radicale de certaines maladies, ou du moins leur soulagement temporaire.

Cette prodigieuse quantité de lumière et de chaleur qui brûle les régions désertiques rend, au contraire, la vie et la santé aux victimes des intempéries septentrionales.

Et d'ailleurs, ce n'est pas d'hier seulement que les races aborigènes ou conquérantes ont appris le chemin de Biskra. Cet éden fut de tous temps l'abri des hiverneurs, le rendez-vous familier de ceux qui voulaient échapper aux rigueurs des pays glacés. Moula Ahmed, qui le visita en 1710, constatait ainsi l'importance de ce centre : « Biskra est une belle et grande ville où il se gagne beaucoup d'argent, parce que la population y est nombreuse, le commerce actif et l'agriculture florissante. On y voit un grand nombre de palmiers et d'oliviers, on y récolte du lin très fin. Il y a abondance d'eaux courantes sur lesquelles on trouve plusieurs moulins. On y rencontre aussi des champs de henné, des pâturages, beaucoup de fruits et de légumes. Les bestiaux et le beurre salé abondent sur le marché. »

Depuis cette époque florissante, on peut conjecturer que Biskra dut traverser une crise pénible, sans doute, mais qui n'ébranla pas sa renommée séculaire.

Ce qui le prouve, c'est que le D' Sériziat la signalait en 1865 à l'attention des médecins et des étrangers ; charmé par son climat exceptionnel et son site privilégié, il écrivait : « Les touristes qui visitent l'oasis sont sûrs d'y trouver désormais le genre de confortable le mieux en rapport avec le climat. Que l'on y amène les eaux de Fontaine-Chaude, et Biskra deviendra la meilleure station hivernale de l'Algérie. »

Il ne se trompait pas, et bien que les eaux curatives d'Hammam-es-Salahin soient restées à 6 k. de la ville, elle est devenue chaque hiver plus célèbre, plus prospère.

La population européenne — Français, Espagnols, Italiens, Maltais — a augmenté considérablement depuis 1860. Une voie ferrée, dont le dernier tronçon Batna-Biskra a été inauguré en

1888, a remplacé la route impériale de Stora à Tuggurt qui n'avait d'impérial que le nom et que parcouraient des pataches disloquées ; 300 voyageurs ont visité Biskra en 1879, on en signale 530 en 1883, mais depuis l'inauguration du chemin de fer de l'Est-Algérien, le nombre des touristes va chaque hiver en augmentant jusqu'au chiffre de 8000 atteint en 1895-1896.

La douceur de la température et la beauté des sites attirent toujours les voyageurs à Biskra ; autrefois le manque absolu de confort y rendait le séjour pénible ; aujourd'hui six hôtels luxueusement installés s'y disputent les étrangers. Un casino leur offre le régal de spectacles pittoresques et fixe pour des mois dans l'oasis ceux que la nature exotique et la région saharienne attiraient pour la satisfaction d'une curiosité passagère.

En ne considérant que le seul point de vue de l'hygiène, le climat de Biskra l'emporte sur les plus renommés, y compris celui de la Côte d'Azur.

Voici le relevé des observations climatologiques faites à Biskra depuis de longues années par M. Colombo, agent de la Cie de l'Oued Rirh. Ce sont les moyennes obtenues pour chacun des sept mois les plus froids durant les cinq hivers consécutifs de 1887 à 1891.

	TEMPÉRATURE		
	MAXIMA	MINIMA	MOYENNE
Octobre...	28° 1	15° 2	21° 8
Novembre..	21 1	9 2	14 8
Décembre..	16 3	5 7	10 9
Janvier...	15 2	4 4	9 6
Février...	17 2	5 8	11 8
Mars....	26	9 4	15 6
Avril....	26 1	12 7	19 4

Il est bon de comparer, en passant, les températures de l'oasis et de Nice, ainsi que leurs états pluviométriques.

	T. MAXIMA	MINIMA	MOYENNE	PLUIE
Nice...	20° 392	2° 732	11° 412	99mm 495
Biskra..	21 429	8 914	14 942	17 429

Ce sont là des chiffres qui ont leur éloquence et qui permettent d'opter en connaissance de cause entre l'une et l'autre des deux stations hivernales.

Il résulte des observations ci-dessus que si la température maxima est sensiblement la même, la température minima offre un écart de plus de

6° en faveur de Biskra, ce qui est, on le comprend, d'une capitale importance.

Qu'on ajoute à ce premier avantage l'humidité des jours de pluie si fréquents à Nice, si rares et presque inconnus à Biskra, et qu'on songe aux poitrinaires, aux rhumatisants, aux simples touristes.

M. le Dr Treille, professeur à la Faculté de médecine d'Alger et sénateur de Constantine, s'extasie sur le climat de l'oasis : « Il faut aux malades, dit-il, la vie au grand air, une température douce, par conséquent un air chaud, sec et absolument pur. Tout cela se trouve à Biskra pendant six ou sept mois de l'année. »

Il convient d'observer que cette station permet aux malades d'accomplir une véritable cure hivernale ; ils trouveront, en effet, dans ce pays privilégié, non seulement l'air approprié et la température douce, mais aussi les eaux bienfaisantes « dont l'effet, dit M. le Dr Weisgerber, est plus indiqué en hiver qu'en été pour les rhumatisants, par exemple, qui ne les trouvent concurremment qu'à la station égyptienne d'Hélouan. »

La sécheresse de l'air y supprime presque totalement les brusques changements de température au crépuscule ; la nuit y succède au jour sans transition et sans variation thermométrique appréciable.

Le malade ou le touriste feront bien de se mettre en route dans la première moitié de novembre avant le froid humide et de ne pas rentrer avant fin avril afin d'éviter les refroidissements. « Les albuminuriques feront même bien de séjourner plus longtemps pour augmenter les chances de guérison (1). »

Piesse dit qu'on ne saurait faire un long séjour à Biskra, et beaucoup de visiteurs ont pu autrefois être de son avis. Mais aujourd'hui que le confortable y coudoie des distractions quotidiennes de toute nature, le séjour prolongé dans l'oasis est plus agéable. « La Reine du Sahara, dit Pease, a des charmes qui attirent et séduisent ; il faut plus d'un jour pour les découvrir. Certes, ce n'est pas un Monte-Carlo ; mais l'attrait vient du climat plus que de la cité. »

Les guides vous diront qu'il n'y pleut jamais, c'est un peu exagéré, mais il est certainement impossible de trouver un climat qui joigne à une telle pureté et sécheresse d'air une température aussi constante et aussi douce, chaude et forti-

(1) Weisgerber.

fiante à la fois. Murray donne la note exacte du climat de Biskra quand il écrit : « Il est délicieux pendant six mois. En Algérie même on ne trouve nulle part de température plus agréable, de ciel plus pur, de plus belle végétation. »

Il n'a qu'un inconvénient, c'est celui des vents très forts et assez fréquents qui soufflent du sud et de l'ouest ; mais on est abrité, dans l'intérieur même de l'oasis, par une forêt de dattiers qui couvrent une superficie de 12.000 mètres carrés.

CHAPITRE IV

DESCRIPTION ET HISTOIRE

Biskra-en-Nokkal (Biskra aux palmiers) est à 218 km. 600 de Constantine, par 35° 27' de latitude nord et 3° 22' de longitude est ; elle se trouve à 111 m. d'altitude, sur la rive droite de l'oued Biskra, formé par l'oued Abdi et l'oued Kantara.

C'est le chef-lieu d'un cercle militaire de la subdivision de Batna et d'une commune mixte de 8000 habitants ; la communauté indigène en a 106.704, dont quelques Français.

D'après un contrôle personnel que j'ai fait l'hiver dernier, il y a dans ce qu'on est convenu d'appeler le Vieux Biskra : à Cora, 13 maisons ; à Bab el Dharb, 128 ; à M. Cid, 149 ; à Bab el Fattah, Rguiga et Bahbah, 49 ; à Ras el Gueria, 96 ; à Medjenich et Sidi Barkat, 167 ; à Gaddecha, 45 ; ce qui fait un total de 647 maisons.

Il y faut ajouter un millier environ de militaires qui s'y trouvent en garnison et 1200 habitants dans la ville moderne.

« La ville de Biskra, *l'Ad Piscinam* ou *Vescera* des Romains, est, dit Ibn Khaldoun, la capitale du Zab, région qui a pour limites El Doucen à l'ouest, Tennouma (qui n'existe plus) et Badis à l'est. Le Zab est séparé de la plaine nommée El Hodna par des monts dont la masse principale se dirige du nord au sud et dont plusieurs cols facilitent la communication entre les deux pays...

« Le Zab est un pays étendu, renfermant de nombreux villages assez rapprochés les uns des autres et dont chacun s'appelle oasis...

« Cependant la Reine des Oasis, Biskra, déchut par le mauvais gouvernement des Turcs et par les hostilités des Arabes du dehors. Cet état de choses dura jusqu'à ce que les Turcs eussent bâti un château fort, à la source de la rivière qui fournit l'eau à la ville, ce qui les rendit complètement maîtres du pays. Alors ils opprimèrent et maltraitèrent les habitants tout à leur aise...

« Sous l'empire de cette complication de maux, la population diminua, les habitations tombèrent en ruine, et sans le grand commerce et l'industrie dont ce lieu est le centre, ce qui fait que les gens tiennent à y rester, Biskra eût été abandonnée. »

Le 4 mars 1844, elle fut occupée par le duc d'Aumale, qui y laissa une compagnie de soldats indigènes, commandée par cinq officiers et sous-officiers français. Leur massacre par de misérables fanatiques ne tarda pas à être vengé ; une occupation mieux organisée nous rendit définitivement maîtres, le 18 mai, et nous assura peu à peu la possession et la domination du Sahara dans cette partie est de l'Algérie.

« Biskra, dit El Bekri en parlant de la ville détruite, possède en abondance dattiers, oliviers et arbres fruitiers ; elle est environnée d'un mur et d'un fossé ; on y trouve une *djemaa*, plusieurs mosquées et quelques bains. Les alentours sont remplis de jardins qui forment un bocage de six milles d'étendue. On récolte à Biskra toutes les variétés de la datte...

« Ses faubourgs sont situés en dehors des fossés et entourent la ville de tous côtés. Elle possède un grand nombre de savants légistes ; ses habitants suivent le même rite que ceux de Médine... Une des portes s'appelle : *Bab el mokhra* (du cimetière), une autre, *bab el hammam* (du bain), la troisième, *bab el mouldoun* (des mulâtres). La population appartient à une race mélangée dont le sang est moitié arabe, moitié berbère... La ville européenne renferme dans son enceinte plusieurs puits d'eau douce; il y a même dans l'intérieur de la grande mosquée un puits qui ne tarit jamais. »

L'oasis de Biskra comprend actuellement le quartier moderne, près du fort Saint-Germain et de la gare de l'Est-Algérien, et les ksours indigènes, dont l'ensemble est connu sous le nom de Vieux Biskra, et qui sont situés dans les jardins de palmiers.

CHAPITRE V

BISKRAVILLE

La ville française, celle où l'on pénètre quand on vient de Constantine et que je désignerai sous le nom de Biskraville, consiste en plusieurs rues complètement modernes dont quelques-unes sont bordées d'arcades. La plupart des maisons sont construites en *tôb*, ou briques séchées au soleil d'après le procédé des indigènes. Cependant, depuis plusieurs années, on exploite le *djebel Maouya*, non seulement pour l'entretien des chaussées, mais aussi pour la construction, en magnifique. pierre, de maisons particulières et d'édifices publics.

Les places et les jardins de la ville sont ornés de plantes tropicales telles que les yuccas, les mimosas, les lataniers, les gommiers odoriférants, les faux poivriers et plusieurs variétés de palmiers : ces jardins et ces squares sont abondamment arrosés au moyen d'une canalisation ingénieuse et entretenus avec le plus grand soin.

Les principaux édifices modernes de Biskra sont : l'Hôpital Lavigerie, ancienne résidence des Frères Armés du Sahara, le Dar-Diaf, le Royal-Hôtel, l'école, le cercle, le marché couvert et l'église.

A l'est, le fort Saint-Germain, de 200 m. de côté, avec bastions aux quatre coins, qui doit son nom à un commandant du cercle de Biskra (1), renferme des casernes et un hôpital mixte (2). C'est dans ce fort qu'a été transporté l'autel du pont dominant El Kantara, autel consacré à Mercure, Hercule et Mars, par Rufus, centurion de la IIIe légion. Commencé en 1849, le fort fut terminé en 1851 ; il sert de quartier à une partie de la garnison ; son enceinte renferme l'hôtel du commandement, les parcs d'artillerie et du génie, les magasins de vivres et de fourrages, l'hôpital, le trésor, les approvisionnements de l'artillerie et enfin des logements pour les officiers. D'immenses citernes creusées sous ces

---

(1) Saint-Germain fut tué à Seriana, le 17 septembre 1849, à la suite de l'insurrection de Zaatcha.
(2) La population s'est réfugiée dans son enceinte lors de l'insurrection de 1871.

différents bâtiments renferment la provision d'eau nécessaire en cas de siège ou de sécheresse pour trois ou quatre mois. Le fort est le refuge destiné à la défense de la ville française et, le cas échéant, il peut supporter un siège assez long.

Une démarche auprès du Commandant supérieur fait obtenir l'autorisation de monter sur la terrasse du fort, du haut de laquelle la vue embrasse un horizon immense. Il faut le voir par un beau ciel clair, surtout au lever et au coucher du soleil : on en descend enthousiasmé.

Près de là se trouvent le jardin de la garnison, où l'on montre un palmier à six branches en forme de candélabre, ce qui est un phénomène, puis le presbytère, l'école des filles dirigée par les admirables Sœurs de Saint-Vincent, et l'église Saint-Bruno construite par le génie au milieu du grand jardin de Biskra.

On peut admirer aussi, sur la route de Tuggurt, le coucher du soleil sur l'Ahmar-Kaddou, du minaret du Royal-Hôtel, dans d'incomparables jeux de lumière.

Le marché est très animé et très curieux : on y trouve de tout, même des articles de Paris vendus par des indigènes ; la partie la plus intéressante est celle des empailleurs de lézards, qui vendent aussi des flûtes ouvragées, des flissas, des poignards touaregs, des coupes ciselées, des tapis et des couvertures tissés sur place, de la peausserie pittoresquement teinte et gaufrée. Le sel en pierre et le bois d'arec y sont apportés d'El Outaya et du désert par des bourricots ou des chameaux dont les longues théories se développent sur les routes d'El Kantara, de Tuggurt et des Zibans.

Le village nègre fait suite à la ville française: il n'offre rien de remarquable, à part ses danses bizarres dont nous parlons ailleurs, et la régularité de ses rues qui semblent tirées au cordeau.

En sortant de ce village, une chaussée bordée de cassis-gommiers côtoie un vaste massif de verdure : c'est la propriété de M. Landon de Longeville et une des merveilles de Biskra. Elle mérite une visite particulière.

Nous avons déjà parlé du Royal Hôtel et de sa remarquable architecture mauresque ; nous parlons plus loin de l'Hôpital Lavigerie ; il nous faut seulement dire un mot ici du Casino, construit tout récemment, presque en face du village nègre. Nous empruntons les lignes suivantes à *l'Algérie Hivernale*.

« *Dar-Diaf*. Le génie arabe inventa ce mot et cette chose. Chez ce peuple voué à d'incessantes pérégrinations l'hospitalité devait être en honneur; il fallait, au bout des étapes sans nombre, trouver des gîtes préparés, une apparence de domicile pour la longueur d'une seule nuit. Dans chaque ville, dans chaque bourg, il y eut donc un abri où le nomade se réfugiait entre deux courses; ces espèces de caravansérails gratuits reçurent le nom de *Dar-Diaf*, mots que l'on peut traduire « maison des hôtes ». Quand l'extension de Biskra et le nombre sans cesse croissant des touristes eurent nécessité la création d'un vaste et luxueux établissement de plaisir, on chercha un nom au palais mauresque édifié pour l'agrément des hiverneurs, et naturellement on trouva le nom de Dar-Diaf, qui voulut alors signifier « Cercle des étrangers ».

« Ce premier et unique casino de l'Algérie est dû à l'initiative de la Compagnie de Biskra et de l'Oued Rirh. Entièrement édifié dans le goût mauresque, il rappelle çà et là les meilleurs morceaux du palais d'Ahmed-bey, d'Hassan-pacha et même de l'Alhambra de Grenade. L'éminent architecte, A. Ballu, donna les plans de ce véritable joyau architectural (1).

« Il s'élève à l'extrémité de la ville, du côté de l'intérieur de l'oasis ; sa principale façade est sur la route même de Tuggurt, cette route fameuse qui doit être aussi celle du Niger, de Timbouctou et du Tchad.

« Un dôme immense, sorte de marabout géant, domine l'entrée par laquelle on accède à la *Salle des fêtes* ou *Salle du dôme*. Ce vaste hall, qui a déjà vu de riches et joyeuses redoutes, communique avec la salle de spectacle, la salle de lecture et les salons de jeux réservés aux membres du *Cercle de Biskra*. Deux couloirs symétriques conduisent, l'un au restaurant, l'autre au café, qui a d'ailleurs son entrée en face du Royal Hôtel.

« C'est une chose assurément étrange et surprenante — après la longueur du trajet dans des espaces désolés — que ce palais de féerie, merveilleusement gracieux et éclatant de blancheur dans l'inaltérable azur. C'est une fête pour l'œil du nouveau venu que ce casino somptueux, jeté là au milieu du plus magique décor.

---

(1) Inauguré en 1893, il est aujourd'hui terminé. L'hiver dernier a vu l'achèvement de l'aile nord, qui est consacrée à un splendide hôtel où les touristes trouvent, dans l'enceinte même du Dar-Diaf, toutes les commodités modernes.

« Dans les jardins immenses, des palmiers et des arbustes encore trop jeunes, mais qui ajouteront bientôt à l'attrait du monument ; partout des corbeilles fleuries et le feuillage grimpant délicieusement violet du bougainvillier. Non loin, une installation de lawn-tennis permet aux jeunes Anglais d'exercer à loisir leurs *animal spirits*.

« Au moment de la saison de Biskra, le hall du Cercle des Etrangers devient le plus cosmopolite et le plus pittoresque des salons de conversation. Au milieu des aghas et des caïds circule la foule disparate des hiverneurs de tous pays.

« Toutes les troupes théâtrales que l'hiver amène en Algérie viennent jusqu'à ce lointain Sahara ; souvent aussi le zèle des *managers* du casino produit sur la scène du théâtre, minuscule et charmant, des attractions diverses. Les orchestres, les danses et les divertissements indigènes ménagent une agréable surprise aux citadins lassés des banalités de l'opérette et du vaudeville. Les grandes *m'bitas* sont dirigées par les plus gracieuses des Ouled Naïl, dont les étoiles exécutent, aux sons des tams-tams, des flûtes et des derboukas, les danses bizarres du foulard, des mains, du miroir, etc.. Parfois ce sont aussi des nègres soudanais, dont la fantasque chorégraphie dépasse tout ce que peut rêver une imagination désordonnée, multitude de diablotins frénétiques conduits par une fanfare assurément démoniaque dans une farandole infernale.

« Deux célèbres indigènes, connus sous les sobriquets de *Bonaparte* et *Toumy*, danseurs et jongleurs d'une incroyable adresse, ont émerveillé, durant les dernières saisons, les habitués du Dar-Diaf par leurs étonnants exercices du sabre.

« Les salons de jeux ne sont pas seulement fréquentés par les hiverneurs : les grands seigneurs des Zibans ne dédaignent pas d'y apporter la note curieusement exotique de leurs somptueux burnous. Bien que parfaitement initiés au coup *Giraud*, au coup *Camus*, familiers des angoisses et des finesses du tirage à cinq, les cheiks ne sont pas toujours heureux, et l'on compte volontiers l'histoire de ce majestueux et opulent caïd qui, ayant perdu une nuit deux cents louis, les fit apporter par ses serviteurs en quatre sacs emplis de douros.

« Le casino, comme une réalisation féerique aux portes du désert, en pleine oasis, est certainement une audace, mais une audace heureuse, si l'on en juge par le franc succès de ses débuts. Le Dar-Diaf doit être et sera bientôt, sans nul doute, un des centres de réunion de la foule élégante et dorée qui cherchera au delà de la Méditerranée des lointains agréables et propices... »

Avant de sortir de Biskraville, nous devons signaler comme une curiosité les cafés maures où dansent les Ouled Naïl. Aujourd'hui bien peu de danseuses sont originaires de cette tribu, dont les jeunes filles parcourent les oasis sahariennes pour y gagner leur dot : cependant il y en a d'authentiques encore, malgré l'invasion d'éléments étrangers. Quoi qu'il en soit de leur nationalité, leurs danses sont fameuses ; les touristes, dit-on, les trouvent attachantes et captivantes, d'aucuns par trop légères ; mais les gens qui se respectent n'iront pas s'égarer dans ces bouges. Toutefois, c'est pour en donner une idée que nous transcrivons ici les réflexions d'un observateur impartial : « L'orchestre assourdissant qui vous démolit la poitrine et la tête, l'atmosphère surchargée et empuantie de tabac et de café, le contact des Arabes plus ou moins sales, tout cela disparaît après peu de temps. Il ne reste plus que les danseuses, glissant tout d'une pièce sur le sol battu avec des gestes arrondis et languissants, ou bien bondissant brusquement comme de jeunes panthères...

« Si l'on quitte un café c'est pour rentrer dans un autre où l'on retrouve la même chose. Il faut en excepter un pourtant, où les notes suraiguës d'un petit chalumeau de roseau, les sons nasillards d'un violon mal accordé et encore plus mal raclé et les notes élevées de voix de femmes vous attirent. C'est un café chantant juif. Cela est bien « youpin ». Du clinquant partout, sur les murs, sur les lampes, sur les tables, sur les femmes; car ces dernières, à l'encontre des femmes arabes, ne portent pas de bijoux d'argent massif et elles ont du toc simulant l'or. Le cafetier est juif, les musiciens sont juifs, les danseuses et les chanteuses sont juives; à moins pourtant que, par fraude, une pauvre fillette arabe, criblée de dettes, esclave des juifs et habillée en juive, ne soit là, contrainte et forcée. Jamais la soirée ne se termine sans que l'on entende, à côté de la chanson de *Pimpin*, écorcher la *Marseillaise* qui vient se souiller jusque dans ce bouge.

« A moins d'une fête, dix heures sonnant, l'agent de police de service dans le quartier donne un coup de sifflet; ces dames rentrent chez elles, les cafés maures se ferment, une à une les lumières s'éteignent et il ne reste plus qu'à aller admirer par un beau clair de lune la splendide allée du jardin, orgueil de Biskra (1). »

(1) Mallebay.

CHAPITRE VI

LE VIEUX BISKRA ET SES KSOURS

La ville moderne de Biskra, malgré son cachet exotique et la singularité de son marché, de ses boutiques arabes et mozabites, de ses cafés maures et de ses brunes almées, n'est pas de nature à satisfaire entièrement la curiosité du touriste et de l'hiverneur. Il lui faut voir l'oasis elle-même, l'ancienne ville berbère ruinée et les six ou sept ksours dont l'ensemble constitue ce que l'on appelle le *Vieux Biskra*.

En suivant la route de Tuggurt, après avoir dépassé l'hôpital Lavigerie dont les blanches arcades se détachent sur le fond vert des palmeraies, et un peu plus loin le cimetière et l'ancien bain maure des caïds turcs, aujourd'hui transformé en école française-arabe, on se trouve bientôt en face de l'antique cité d'El Bekri et d'El Aïachi, dont il ne reste que l'emplacement désolé et crevassé. Au nord de cet immense plateau où s'élevait la ville, on voit se profiler sur le ciel bleu les murs branlants de la Casba qui fut le dernier boulevard de l'islamisme ; des chevriers et des yaouleds sortis des zaouïas voisines viennent jouer sur ces ruines des airs mélancoliques (1).

Les anciens habitants, obligés de quitter leurs maisons écroulées, se divisèrent en autant de fractions que la ville avait de quartiers. Agglomérés sous le nom de Biskris, ils continuent à se désigner entre eux sous le nom de la tribu à laquelle appartenaient leurs ancêtres ; c'est ainsi qu'on trouve encore les Abid, les Sidi Barkat, les Sidi Malek, les Korcïch, les Douaouda, les Beni Souïd, les Safni, les Djoua, les Beni Nesla, soit dans les ksours, soit sous la tente.

Les dacheras groupées dans l'oasis, qui s'étend sur une longueur de 5 kil. sur la rive droite de la rivière, et sur une largeur variant de 100 à 500 mètres, sont construites en tôb ou pisé et

(1) Depuis l'hiver 1897 un tramway conduit de Biskraville au Vieux Biskra et à Fontaine-Chaude. En juillet 1898, cette voie ferrée a été déclarée d'utilité publique.

n'ont de remarquable que l'étrangeté de leur architecture et le pittoresque de leur position, au milieu d'une forêt de 150.000 dattiers et de 6000 oliviers, entre lesquels les indigènes font du jardinage et un peu de céréales.

Si l'on s'enfonce dans cet océan de palmiers par l'un des cinq chemins qui relient la ville moderne au Vieux Biskra, nul vestige européen ne subsiste plus et l'on se trouve en plein exotisme oriental : cases de terre, jardins de mandariniers, d'orangers, d'oliviers et de citronniers et par dessus tout cela des palmiers, des palmiers encore, dont les branches d'un vert métallique ressemblent aux pennes multiples de quelque gigantesque oiseau.

Vue des hauteurs du minaret de Sidi Moussa, de Sidi Youdi ou d'Abd el Moumen, l'oasis semble un lac de palmes au sein d'une immensité désolée. De ces trois mosquées la première est située à M'cid, la deuxième à Ras el Gueria et la dernière à Bab el Dherb. Sur les terrasses grises des maisons qu'elles dominent, on aperçoit des femmes accroupies, filant et tissant la laine de leurs troupeaux, pilant le felfell ou le henné, ou préparant dans d'immenses plats de bois les grains du couscous national. Parfois des chiens kabyles, au poil roux et hérissé, se penchent à l'extrémité des murs, les yeux injectés de sang, les dents menaçantes; ils aboient le jour aux étrangers et la nuit à la lune.

Devant les boutiques des kaouadjis, dans les ruelles tortueuses vivent, indolents et majestueux, les heureux propriétaires dont les orges et les dattiers croissent par la grâce d'Allah, sans qu'ils aient besoin d'être fécondés par leur sueur. Paresseux lézards du désert, insouciants du lendemain, drapés dans leur burnous crasseux et leur civilisation immuable, étendus dans la poussière blanche, ils regardent passer, indifférents, les roumis que l'attrait oriental amène chez eux. Çà et là, des jeux de cartes ou de tric-trac, des causeries somnolentes au milieu des nuages parfumés du chebli, et toujours des prières à l'heure prescrite, sans respect humain et en plein air, la face tournée du côté de la ville sainte.

Les sages, les anciens ont, de leur côté, des coins préférés où ils aiment se réunir pour deviser, sous les portes des ksours, près de la seguia qui serpente au pied des murs terreux. La plupart d'entre eux sont des vieillards vénérés et chenus, des membres de la djemaa, qui semblent discuter de graves problèmes ; quand ils appartiennent à des familles maraboutiques, ils doivent sans doute s'entretenir de leur glorieux passé, de leur pitoyable présent et des espérances dont Mohamed berce leur âme.

Près des sanctuaires de l'islam se tient pendant l'hiver, et surtout pendant le ramadam, le muezzin dont la voix sonore appelle à l'heure liturgique les fidèles à la prière. Pour occuper ses loisirs, il montre aux touristes l'intérieur de la mosquée et les conduit jusqu'au minaret par un escalier branlant; il est rare que les chrétiens oublient de récompenser les aimables avances de ce serviteur de l'islam.

L'intérieur des mosquées est pauvre et presque nu; ainsi devaient être les catacombes. Quelques colonnes en troncs de palmiers soutiennent une voûte en stipes; le sol est en terre battue, quelquefois recouverte de nattes d'alfa; dans un coin, une niche, un placard, quelques vases de terre, une lampe, des œufs d'autruche et des versets manuscrits du Coran. Cette simplicité du sanctuaire s'harmonise admirablement avec les habitations circonvoisines; mais, malgré leur dénuement, les mosquées sont fréquentées par les pieux musulmans, et quand reviennent certaines fêtes, elles sont même trop petites pour contenir tous les dévots.

Dans certaines contrées, l'entrée des mosquées est interdite aux infidèles; à Biskra, les indigènes sont devenus très conciliants, et il n'est pas rare qu'ils tolèrent la visite des chrétiens sans qu'ils aient besoin d'ôter leur chaussure.

Bien plus, le voisinage de la station hivernale a détaché les indigènes de leurs coutumes rigoristes : aussi n'est-il pas rare qu'ils admettent quelquefois des étrangers à visiter leurs habitations, ce qu'ils ne faisaient pas auparavant, l'intimité du foyer étant chose sacrée. Les intérieurs sont frais et bien disposés contre l'ardent soleil du Sahara : peu ou point d'ouvertures ; par la terrasse de la cour pénètrent l'air et la lumière suffisante pour répandre dans les *bits* (chambres) une clarté douce, mystérieuse, discrète, qui contribue à rendre ces réduits plus calmes et plus religieux encore.

Ajoutons cependant que les maisons des grands, celles des caïds, des aghas, des cadis, des cheiks, bien qu'édifiées sur le même plan, se rapprochent beaucoup de nos constructions modernes ; rien de plus somptueux que le palais de Si Mohamed Ben Gana, caïd de Biskra et agha des Zibans, dans lequel il m'a été donné de causer avec cet illustre chef, distingué par le tzar en 1896 et grand champion des intérêts français dans le Sud-Algérien.

Lorsqu'on visite des cases plus modestes, après

avoir traversé un vestibule rappelant un peu l'*atrium* romain, on pénètre dans une cour fermée, une sorte de cloître, au milieu duquel se balance sur un trépied grossier la *guebsa* en peau de chèvre qui contient l'eau fraîche nécessaire au ménage. Des troncs de palmiers soutiennent la terrasse et forment ainsi une sorte de galerie couverte où se font la cuisine et les travaux manuels. Tout autour, dans les murs de pisé, sont pratiquées des portes communiquant avec les chambres, dont il est rare qu'un étranger puisse franchir le seuil.

Les femmes sont-elles surprises par la visite d'un curieux, d'un inconnu, elles abandonnent précipitamment le métier à tisser, les plats de couscous, les moulins de pierre, se dérobent à ses regards et appellent leur *moulah* (maître). Partout une simplicité patriarcale, la terre nue, des nattes d'alfa quelquefois; rien du luxe moderne, rien de notre confort n'a pénétré sous les tentes ou dans les gourbis; point de sièges, point de meubles, si ce n'est chez les opulents qui déploient avec orgueil leurs beaux tapis de laine du désert.

Les jeunes filles et les jeunes femmes sont difficilement visibles; ce n'est que par surprise qu'on peut parfois apercevoir dans leur fuite le profil de ces gazelles effarouchées promptement disparu dans l'ombre, derrière une tenture de fouta ou de poil de chameau qui sépare les pièces. En somme, c'est là comme une évocation des siècles bibliques : on sent que ces peuples sont heureux dans leur simplicité patriarcale et il semble criminel de les tirer de cet état par les attraits de notre luxueuse civilisation.

Chacune des dacheras du vieux Biskra mérite une visite, bien qu'elles aient un caractère commun d'origine et de construction. En prenant la route de Tuggurt et en longeant ensuite les bords de l'oued jusqu'au delà du jardin Landon, on trouve bientôt un chemin qui s'engage dans les palmiers, traverse un cimetière arabe et passe devant un café maure perché sur la berge. On peut y faire une halte et, tout en dégustant une tasse de *caoua*, admirer le tableau que l'on a sous les yeux. Au premier plan, le lit de la rivière, presque toujours desséchée, à part quelques ruisseaux qui gazouillent sur les galets et les sables d'or; au milieu se dresse, blanc comme un cygne, le marabout de Sidi Zerzour, théâtre, en de certains jours, de fêtes religieuses fort bruyantes; un peu plus loin, sur la même ligne, la ruine d'un pilier qui a dû soutenir autrefois le tablier d'un pont, de concert avec l[e] marabout actuel dont l'origine remonte à un[e] lointaine époque. Sur la falaise de la rive gauch[e] verdoie un bouquet de palmiers abritant quelque[s] masures que domine la coupole conique d'u[n] autre sanctuaire : c'est tout ce qui reste de l'oasi[s] d'El Alia, emportée peu à peu par les flots d[e] l'oued en ses rares jours de débordement et d[e] courroux.

Au second plan, à droite, on aperçoit l'oasi[s] de Filiache, auprès de laquelle a été découvert[e] une immense nécropole, de beaucoup antérieur[e] à l'époque romaine, dont les cercueils bizarre[s] sont deux jarres en terre cuite où les cadavre[s] étaient enfilés par la tête ou les pieds et qu'o[n] joignait ensuite par une soudure d'argile ou d[e] ciment : à l'Exposition de 1889, MM. Fau e[t] Foureau nous ont fait voir un échantillon de c[e] mode étrange d'ensevelissement. Au fond de l'ho[-]rizon, dans la même direction se trouve Sidi-Ok[-]ba ; l'œil suit le cours de l'oued qui, après avoi[r] longé l'oasis de Biskra, traverse la plaine d[e] Saada et va se perdre dans les sables. De Sid[i] Okba, à l'est, s'échelonnent vers l'ouest jusqu'[à] Branis les oasis de Gartha, Seriana, Thoudda[,] Sidi-Khelil, Chetma et Droh, situées au pied de[s] dernières ramifications de l'Aurès et dont nou[s] aurons l'occasion de reparler. Derrière elles apparaît la masse imposante et gracieuse de l'Ahmar-Khaddou (1), si remarquable au soleil levant et au soleil couchant, surtout par les teintes et les nuances successives dont elle se colore.

Après avoir contemplé ce panorama, on entre à M' Cid par une porte qui a servi jadis à sa défense. Les rues, ou plutôt les sentiers qui serpentent à travers les maisons de terre, le long de la seguia, ne sont pas carrossables ; on y va soit à pied, à cheval, à bourricot ou à mulet. Entre les cases grises s'étendent les jardins de dattiers, sous lesquels fleurissent parfois des orangers et des abricotiers. M' Cid possède le fameux cyprès dont parlent tous les *Guides* et qui est l'arbre le plus élevé de l'oasis ; ce paratonnerre végétal, de 35 à 40 m. de hauteur, se trouve dans une palmeraie privée, et en arrivant à Biskra par le *Col des Chiens* on aperçoit de loin sa tête altière dominer toute la végétation de l'oasis. On peut entrer dans la mosquée de Sidi Moussa, encore appelée Sidi Malek, et monter jusqu'au minaret : on se fait ainsi une idée de la Reine des Zibans et des oasis environnantes,

(1) Joue rouge.

bien mieux que du sommet de la berge escarpée de la rivière.

Puis, laissant à droite le chemin qui mène aux ruines de la Casbah, on arrive bientôt au ksar de Bab el Dharb, le quartier le plus populeux du Vieux-Biskra après Medjenich et M' Cid. C'est dans cette dachera qu'on rencontre les ruelles les plus pittoresques : portes en palmier ornées de vieux clous à large tête, ouvertures triangulaires, tenant lieu de fenêtres, fûts de colonnes accusant une origine romaine qui servent de passerelles sur la seguia ou de soutiens à des terrasses branlantes, groupes d'enfants n'ayant qu'une méchante chechia sur la tête et une gandoura sur le corps, bourricots traversant lentement les sentiers tortueux et bosselés en balançant sur leur maigre échine un pâle cavalier dont les jambes effleurent le sol, tel est l'aspect habituel des rues de Bab el Dharb.

La mosquée de ce ksar, sous le vocable de Sidi Abd el Moumen, est une des plus grandes et des mieux aérées du Vieux-Biskra ; elle a été le sujet de plusieurs toiles à cause de son remarquable minaret et du site poétique qui lui sert de cadre.

Nous ne signalons que pour mémoire une rudimentaire fabrique d'huile d'olive, dont les meules sont mises en mouvement par des mulets aveugles.

En quittant Bab el Dharb on traverse un pauvre cimetière avant de rencontrer la route de Tuggurt, à l'extrémité de l'oasis. Un kilomètre à peine vous sépare de Cora, dont les treize maisons et les palmiers qui les entourent sont censées faire partie de Biskra.

C'est là, plus que partout ailleurs, qu'en se tournant vers Saada on se donne une idée du désert, dont cette plaine infinie est une image réduite. Dans le lointain miroitent les dunes d'or et les chotts desséchés, recouverts d'une couche de salpêtre ou de sel de magnésie : l'impression de cette immensité est profonde.

En revenant sur ses pas, on rencontre tout d'abord le modeste cimetière des fameux Ameur Ali, anciens caïds turcs de Biskra, dont la famille, jadis très puissante, est presque complètement disparue.

C'est ensuite l'emplacement, dont nous avons déjà parlé, de la ville détruite d'El Bekri, couronnée au nord-ouest par les murs démantelés de la Casba. On sait que la garnison française y fut surprise le 12 mai 1844 (1) et massacrée par

---

(1) Le duc d'Aumale et le duc de Montpensier partirent pour

les contingents de Bel Hadj, khalife d'Abd-el-Kader. Une légende prétend que seuls échappèrent au massacre une cantinière, un sergent-major et trois artilleurs, que les Arabes chargèrent de servir les canons français pris dans la Casba. On montre encore près de l'ancienne forteresse une citerne où auraient été précipités les malheureux soldats de la garnison.

Au pied et à l'ouest de ces ruines, dans un champ d'orge conquis sur un marécage où pullulent les grenouilles, les pieux musulmans viennent chaque année, à l'expiration du ramadam, faire en plein air une grande prière qui revêt un caractère spécial de solennité. Les hiverneurs ne manquent jamais d'assister à cette manifestation religieuse pour en emporter le souvenir photographié dans leurs pays brumeux.

On suit le sentier qui se dirige vers le sud-ouest et l'on se trouve bientôt à Medjenich,

---

Biskra : il s'agissait de soutenir le fameux Cheik-el-Arab, *le serpent du désert*, qui tenait quelques oasis et avait peine à lutter contre un lieutenant d'Abd-el-Kader, Mohamed es Sghir, lequel occupait la casba de Biskra avec quelques réguliers. Les Français marchèrent sur Biskra où ils entrèrent sans coup férir. Le khalife de l'émir se réfugia à Mchounèche.

dont fait partie, au point de vue administratif, le quartier de Sidi-Barkat. Ces deux ksours comptent ensemble un groupe de 167 maisons ; c'est, de beaucoup, le plus populeux du Vieux-Biskra. Deux portes séparent Medjenich et Sidi-Barkat de Ras-el-Gueria, dont nous parlons plus loin ; ce sont : au sud, Bab-el-Khrokhra, près de laquelle on rencontre des maisons bizarres dont les murs sont percés de fenêtres en forme de triangles ou d'étoiles, ainsi que des débris de colonnes ayant appartenu, semble-t-il, à l'*Ad Piscinam* des Romains ; et Bab-el-Khaled, à l'ouest. Ces ksours, au demeurant, n'offrent rien de remarquable.

Il en est de même de Gaddecha, où l'on peut se rendre soit par un chemin qui passe devant la Casba soit directement par Medjenich. Gaddecha est, avec Bab-el-Fettah, le point extrême de l'oasis ; les jardins de ces dacheras reçoivent, les derniers, les eaux salutaires de la rivière sans lesquelles tout dépérirait sous les ardents rayons d'un soleil implacable.

Bab-el-Fettah comprend deux annexes connues sous les noms de Rguiga et Bahbah, dont les pauvres maisons s'échelonnent du sud-ouest au nord-est, dans la direction de Bab-el-Dharb. La route de Biskra à Tuggurt, le long de laquelle courent les poteaux télégraphiques, est censément la limite entre Bab-el-Dharb et Bab-el-Fettah. En dehors de l'oasis, sur le territoire de ces deux derniers ksours, plusieurs familles vivent sous la tente : elles s'occupent surtout d'agriculture et d'élevage ; les curieux qui passent dans ces parages sont bientôt environnés d'une nuée de petits garçons et de fillettes sollicitant à outrance la pitié des roumis pour les *meskine besef* (1), et dont il est encore plus difficile de se débarrasser que des chiens kabyles.

Les femmes, de leur côté, proposent aux visiteurs des *ouled djadja* (2), car c'est là une des grandes ressources de ceux qui vivent sous la tente : des poules, des chiens hargneux, quelquefois des slouguis, puis des mulets et des chevaux, voilà ce qu'on trouve presque toujours autour des habitations des nomades.

Afin de parcourir entièrement l'oasis et d'en connaître les limites, il serait bon ensuite d'aller rejoindre la route des Zibans au marabout de Sidi-Ghezel, dédié à Abou'l Fadel, en longeant deux vastes cuvettes où vont se déverser en partie les eaux d'irrigation et où s'ébattent pendant

(1) Très pauvres.
(2) Des œufs.

l'hiver des troupes de canards sauvages. Mais il reste à voir un des quartiers du Vieux-Biskra, Ras-el-Gueria, moins important par sa population que par la richesse de ses jardins et l'état relativement carrossable de sa principale rue.

Ras-el-Gueria est un ksar situé entre les ruines de la Casba et Biskraville. Il ne compte, sans doute, qu'une centaine de maisons ; mais le progrès et l'esprit de tolérance y ont fait plus de conquêtes que partout ailleurs. Depuis deux ans, le chemin de Biskraville à la Casba, grâce à la municipalité, est accessible aux voitures, et les habitants de Ras-el-Gueria, que traverse cette route, en ont largement bénéficié : leurs habitations se sont embellies, leurs jardins ont augmenté de valeur et il existe de ce côté-là, comme du côté de Tuggurt, une poussée d'amélioration dont Français et indigènes n'ont qu'à se féliciter. Il est juste de faire remonter ce mouvement à Béchu, premier maire et créateur des parcs, squares et jardins de Biskra, et dont la veuve possède plusieurs propriétés à Ras-el-Gueria.

Ce ksar, comme tous les autres, a son sanctuaire : c'est Sidi Youdi, dont nous avons eu déjà l'occasion de parler. La famille des Youdi, autrefois considérable, a perdu peu à peu son prestige avec ses richesses : tel de ses membres ne possède plus aujourd'hui qu'un jardin et quelques chèvres, mais le sanctuaire est debout, avec son minaret, témoignant des vertus de celui dont il abrite le tombeau.

En descendant vers Biskraville on arrive bientôt à l'un des jardins de M. Béchu loué par sa veuve à M. le capitaine Baronnier qui en a fait un véritable jardin modèle. Le nom du capitaine est populaire à Biskra ; le cardinal Lavigerie tenait en haute estime le promoteur de l'horticulture saharienne, il l'avait d'ailleurs mis à l'épreuve. Le capitaine ayant voulu à plusieurs reprises défendre le jardinage oasien devant le Primat d'Afrique et lui ayant exposé les immenses avantages qu'on pouvait en retirer au point de vue des primeurs, ce dernier le mit au défi de lui procurer, malgré la fécondité du sol, des asperges d'Argenteuil à tel jour d'hiver ; l'acharné capitaine accepta la gageure et la veille même de l'échéance il apporta une botte de primeurs au vieil archevêque ; le pari était gagné ; malheureusement un serviteur négligent oublia de servir au cardinal son plat favori et il en fut sévèrement réprimandé devant le capitaine ; toutefois l'expérience était faite, et le fondateur des *Frères*

Armés du Sahara, s'avouant vaincu, fit complanter d'asperges plusieurs hectares de la M' Sala. La direction des travaux fut confiée à des mains inhabiles, ce qui fit avorter les projets de la première heure et les espérances conçues. Mais les résultats obtenus avaient prouvé que l'idée était bonne et si les conseils du capitaine eussent été suivis à la lettre, la M' Sala serait aujourd'hui le plus riche et le plus beau jardin de Biskra. Le capitaine, lui, s'est attaché au sien avec passion et à quelque heure du jour qu'on y entre, excepté pendant le rapport, on peut être sûr de l'y trouver, élaguant, plantant, faisant des essais, encourageant ses braves horticulteurs, montrant aux touristes, avec une fierté certes bien légitime, ce qu'on peut faire là-bas avec de l'eau et du soleil. Et jamais il ne les laisse partir sans un souvenir : avec quelle grâce juvénile il accroche à la boutonnière du visiteur la rose ou l'œillet qui lui ont coûté tant de soins ! avec quelle générosité il emplit ses poches de mandarines ou d'oranges sanguines, détachées de ces chers arbres qu'il a élevés comme des enfants ! Je n'oublierai jamais, pour ma part, l'affection que m'a témoignée le capitaine, et parmi les fleurs fanées que je conserve avec un soin jaloux se trouve un bouquet de lilas saharien qu'il a bien voulu m'offrir à la gare le jour de mon départ. Puisse cet hommage rendu à ses travaux le consoler de ses épreuves et des contradictions auxquelles il a été en butte et susciter à la culture oasienne de nouvelles et solides vocations !

En face du jardin du capitaine on peut visiter les belles allées d'orangers qui produisent ces fruits sanguins et savoureux qu'on ne trouve qu'à Biskra. C'est une culture qui mérite l'attention des gens compétents, désireux de trouver une large rémunération de leurs travaux et soucieux de la prospérité des oasis.

En rentrant à Biskraville on prend le boulevard Carnot et on passe devant la belle habitation de Ben Gana, caïd des Zibans. Un parc, de création toute récente, la précède. Les bâtiments qui entourent la maison reposent sur des colonnes en marbre des Ouled Djellal, et abritent les écuries, les ateliers de tissage et les chambres des serviteurs. Ben Gana y reçoit princièrement, comme il convient à son caractère. Parmi les chefs arabes qui escortaient le tsar Nicolas II à Paris, il fut particulièrement distingué par le jeune empereur. Après la revue de Châlons et la banalité classique des félicitations officielles, la conversation prit un tour plus intime ; l'empereur demanda à l'agha s'il se rappelait avoir vu le tsarewitch à Biskra : « J'ai eu l'honneur de le recevoir dans ma tribu, sous mes tentes, en 1893, répondit Si Mohamed. » Le tzar lui demanda ensuite depuis combien de temps il commandait les goums des Zibans : « Depuis vingt ans. » Enfin, comme l'empereur lui témoignait sa satisfaction de l'avoir vu, notre grand feudataire du Sud-Algérien dit en prenant congé : « Sire, mes frères d'Afrique seront fiers que Votre Majesté ait daigné m'adresser la parole. Nous sommes les enfants de la France, et en notre nom à tous, je suis bien heureux de faire l'hommage de nos meilleurs souhaits à son puissant ami ! » Ce compliment charma le tsar et plut beaucoup au Président de la République qui assistait à l'entrevue. A cette occasion Mohamed Ben Gana a reçu la cravate de commandeur de la Légion d'honneur et les insignes de l'Ordre de Saint-André. Ces distinctions ne pouvaient décorer poitrine plus fidèle et plus amie de la France.

CHAPITRE VII

LA Cie DE BISKRA ET DE L'OUED RIRH. — FORAGES ARTÉSIENS. — HAMMAM ES SALAHINE.

A côté des efforts individuels et des initiatives privées qui ont transformé peu à peu la Reine des Zibans jusqu'à lui donner un renom exceptionnel comme station hivernale, il importe de faire connaître les Sociétés dont les capitaux intelligemment administrés ont contribué à promouvoir les intérêts de Biskra et des oasis avoisinantes. Nous avons déjà mentionné, parmi ces dernières, *la Compagnie de Biskra et de l'Oued-Rirh* (1), fondée il y a plusieurs années par MM. Fau et Foureau, et devenue aujourd'hui l'une des plus puissantes du Sud-Algérien.

Dans une séance de la Société des ingénieurs

---

(1) Le siège social est à Paris, rue Blanche, 10.

civils, M. Molinos a donné lecture d'une lettre de M. Chauveau des Roches qui rend hommage aux courageux efforts de cette Compagnie :

« Sous l'inspiration de ses administrateurs, elle a créé de nombreux puits artésiens dans la région de l'Oued-Rirh au moyen d'un outillage soigneusement approprié par elle.

« Dans Biskra même, d'accord avec la *Société française des pétroles et des forages artésiens*, elle a opéré deux recherches d'eau, l'une parvenue en 32 jours à 230 m. de profondeur, dans des terrains des plus difficiles, et une seconde descendue à 354 m. en 60 jours (mêmes terrains).

« A Foughala, dans les Zibans, un forage de 217 m. a été opéré en 23 jours. L'eau jaillissante y fut rencontrée dès 62 m. Ce fut le premier puits jaillissant et dont le débit coulât sur le sol, dans cette région.

« La Société en question poursuit ses travaux en exécutant trois sondages dont le débit varie de 300 à 400 litres à la minute.

« Ces forages continuent aussi activement que ses ressources le lui permettent, nulle subvention n'étant encore venue à son aide.

« En résumé, cette Compagnie a foré avec son propre atelier :

« 1° Huit puits dans la région de l'Oued-Rirh, atteignant ensemble près de 600 m. et débitant un total de plus de 18.000 mc. d'eau par jour ;

« 2° Dans la région des Zibans, trois puits formant ensemble plus de 360 m. et d'un débit total de 1400 mc. journellement ;

« 3° A Biskra, quatre puits donnant une profondeur totale de près de 700 m. mais sans débit jaillissant et prouvant, toutefois, la présence d'une nappe ascendante dont le niveau se maintient aux environs de 34 m. au-dessous du sol, constatation précieuse dans un pays où la valeur de l'eau atteint un chiffre considérable, dût-on même, pour l'aspirer, avoir recours à des moyens mécaniques.

« Les quatre puits de Biskra et un des Zibans ont été forés avec l'aide des appareils de la Société française de pétroles.

« Ce qui précède m'a paru un exemple à citer des résultats obtenus par la volonté et la persévérance de nos colons algériens et digne d'être communiqué à la Société des ingénieurs civils de France, comme un complément du travail présenté par M. Lippmann dans la séance du 20 novembre 1896 (1). »

(1) Extrait du *Courrier de Biskra*.

Les travaux auxquels fait allusion l'auteur de cette communication sont subventionnés par l'autorité militaire, ce qui permet aux chercheurs d'eau de faire des expériences nombreuses. Il est vrai que souvent leurs efforts sont récompensés ; c'est ainsi que l'atelier de sondage A, de M'raïer, opérant à Ben-Dhib, région de M'raïer, cercle de Tuggurt, a rencontré une nappe jaillissante à 46 m. de profondeur. Ce sondage a produit un débit de 600 l. à la minute, à la température de 24°50.

Le même atelier de sondage, sous la direction du sous-lieutenant Just, a rencontré la nappe jaillissante principale dans l'oasis d'El Berd, cercle de Tuggurt, entre 64 et 70 m., avec un débit de 1200 l. par minute, à la température de 25°.

L'atelier de sondage B, opérant dans le même cercle sous la direction du sergent Gilbert, a rencontré une nappe jaillissante de la région de Mazer entre 62 et 75 m. de profondeur : le débit minimum est de 2200 litres par minute à 25°40.

A El Adjeraf, au moment où nous avons quitté Biskra, la sonde arrivée à 117 m. traversait une couche de gravier humide, signe infaillible du voisinage de l'eau. C'est la prospérité assurée, à brève échéance, à une région fertile où les fruits et les légumes abondent dès janvier, sans culture intensive.

On ne saurait contester, principalement au point de vue agricole, la portée immense des résultats obtenus par les forages artésiens dans les Zibans. C'est en 1856 que le colonel Desvaux fonça le premier puits de ce genre ; depuis cette époque l'autorité militaire a exécuté sans interruption des forages nombreux dans le Tell, le Hodna, les régions de Tuggurt et d'El Goléa. Le relevé des travaux officiels accomplis de 1856 à 1896 se résume en 772 forages, d'une longueur de 34 kil. 114, ayant donné 452 puits à nappe ascendante sans jaillissement, et 320 puits jaillissants qui débitent 8,175,000 litres d'eau vive et fertilisante.

Nos officiers n'ont pas été les seuls à travailler pour la fertilisation du Sahara. Avant Desvaux, un ingénieur du plus grand mérite, Jus, et un vaillant explorateur, Laurent, avaient signalé l'existence de nappes souterraines, coulant au-dessous des lits desséchés des fleuves africains. Mis à profit par l'autorité militaire, leurs travaux furent continués en 1876 par le lieutenant de vaisseau L. Say, à qui se joignirent bientôt MM. Fau et Foureau et le capitaine Ben Driss, agha de Tuggurt.

Depuis le chott Melghir jusqu'à Temacine, sur un parcours de 150 kil., s'étend le lit sablonneux de l'Oued Rirh, semé d'oasis dont la verdure luxuriante forme un saisissant contraste avec la couleur ocreuse du désert qui les entoure. Avant l'occupation française, cette région formait une sorte d'État indépendant, dont la vie et le commerce reposaient uniquement sur la culture du dattier (*phœnix dactylifera*). C'est là que MM. Fau et Foureau établirent leur champ d'action. Avec leurs seules ressources ils forèrent plusieurs puits, amenèrent l'eau souterraine à la surface et montrèrent ainsi la possibilité de fertiliser de vastes étendues du désert.

Sous leurs auspices se créa une Société pour donner plus d'extension aux travaux de forage : c'est la *Compagnie de l'Oued Rirh*, fondée en 1878, transformée en 1888 et finalement constituée en Société Anonyme au capital de 900.000 fr., en 1892, sous la dénomination de *Compagnie de Biskra et de l'Oued Rirh*. Cette entreprise, sagement conduite, qui a toujours conservé à sa tête ses fondateurs, a établi des plantations de dattiers à Biskra, Chegga, M'raier, Ourlana, Djama, Maser, Tijdidine, Tamerna, Guedina, Djedida,

Sidi-Sliman, Zaouia, Tebesbest, Nezla, Tuggurt, Foughala, transformant toutes ces régions en un chapelet de verdoyantes oasis.

Cette Compagnie, actuellement le plus grand producteur et exportateur de dattes sahariennes, s'est trouvée avoir fait une excellente affaire, si bien qu'elle a été amenée par son programme à entreprendre d'importantes opérations immobilières à Biskra. Son œuvre, à la fois scientifique, patriotique et commerciale, doit être signalée au même titre que les travaux des savants, ingénieurs et explorateurs, qui ont tracé la voie à suivre. Les seuls puits jaillissants répandent maintenant à la surface du sol, chaque jour, 46,000 mètres cubes d'eau, dont aucune goutte n'est perdue pour la culture. Dans ce chiffre, les puits militaires figurent pour 8,175 mc., et ceux de la Cie de Biskra et de l'Oued Rirh pour 38,500 mc. Ces quantités sont déjà considérables, mais il paraît certain qu'on peut les augmenter beaucoup par le forage de nouveaux puits, sans craindre d'épuiser le réservoir d'alimentation (1).

Cette Société ne s'est pas contentée de créer

---

(1) Ces renseignements sont empruntés à une publication d'E. Gautier. Voir *La Science pour tous*.

ce que l'on peut appeler la fertilisation saharienne ; mettant à profit son expérience, ses capitaux et l'influence prépondérante qu'elle s'est acquise à Biskra, elle a établi depuis deux ans un tramway Decauville qui relie la station hivernale et le Vieux-Biskra aux sources bien connues de *Hammam es Salahine* (1) ou Fontaine-Chaude. Ces eaux sulfureuses jaillissent à une température de 45° environ et ont un débit considérable (2). Le Bain des Saints est la propriété de la Cie de Biskra qui y a fait en 1891 quelques améliorations et l'a transformé aujourd'hui en un véritable établissement thermal. Les eaux s'emploient comme bain et comme boisson ; les piscines sont couplées par deux, l'une à la température de la source, l'autre refroidie par un repos de douze heures. Les qualités incontestables de ces eaux leur ont fait, de temps immémorial, une réputation bien méritée, et seront un jour l'un des grands succès de la station hivernale. Elles combattent efficacement la phthisie, les rhumatismes, la goutte, les maladies de la gorge et des bronches et surtout les affections articulaires, osseuses, herpétiques et

---

(1) Le Bain des Saints.
(2) 150.000 litres à l'heure.

syphilitiques, très communes dans ces parages.

Fontaine-Chaude se trouve à 6 kil. environ de la gare de Biskra, dans la direction de l'ouest-nord-ouest, au pied d'un contrefort de l'Aurès qui sépare la plaine d'El Outaya de celle des Zibans. Un tramway Decauville, qui part du Vieux-Biskra et du Casino et longe l'hippodrome de Beni Mora, relie la ville et les ksours à l'établissement thermal ; la voie ferrée traverse des régions arides et brûlées qui donnent une idée de ce qu'est le désert.

La source sulfureuse semble jaillir d'un cratère de volcan éteint ; les dépressions environnantes, au nombre de quatre ou cinq, laissent supposer que cette région fut autrefois tourmentée par des phénomènes ignivomes ; on voit même, à 1500 m. au nord de Fontaine-Chaude, un petit lac d'une conformation bizarre, dont le niveau de l'eau ne baisse jamais d'une manière sensible, bien qu'il ne soit alimenté par aucun oued : au dire de tous les experts, c'est une cuvette d'origine volcanique.

Il n'est pas possible de séjourner à Fontaine-Chaude : de loin en loin, dans les lits des cours d'eau desséchés, au milieu des dunes, dans les antres de la montagne, on rencontre quelques tentes de pasteurs nomades ou des abris primitifs qui prouvent qu'il n'y a rien à entreprendre dans ces parages désolés, si ce n'est la chasse au chacal ou les excursions géologiques.

CHAPITRE VIII

ARTISTES ET VISITEURS DE MARQUE

Nos artistes, qui ont toujours su apprécier les ciels, les paysages et les types sahariens depuis qu'ils les connaissent, sont aujourd'hui plus que jamais fidèles à cette belle nature. Il suffirait, pour s'en convaincre, de citer les noms suivants, dont les œuvres ont orné les vastes galeries du Palais de l'Industrie (autrefois Salon des Beaux-Arts).

Paul Lazerges : *Les caravanes* (Biskra).

A. Rigolot : *Au pays du M'zab : jour de marché à Ghardaïa.*

E. Boivin : *Le Col de Sfa* (Biskra).

M. Bompard : *Une boucherie à Chetma. — La diffa. — Le marché arabe de Biskra. — La cueillette des dattes.*

G. Pinel : *La provision de bois* (Sud-Algérien). — *Le soir* (Sud-Algérien).

G. Saint-Pierre : *Yamina.*

J. Taupin : *Matinée saharienne. — Derniers rayons du soir* (Bou-Saada).

Thériat: *Chameaux aux pâturages. — Caravane.*

Landelle : Plusieurs toiles.

Lucas-Robiquet: *Une place à Tuggurt.*

L'un de ceux qui les premiers découvrirent le désert et ses charmes étranges fut Eugène Fromentin, dont l'œuvre est presque toute algérienne et particulièrement saharienne: mosquées, douars, sites, vie nomade, caravanes, il étudia tout ; mais il fut le peintre par excellence des colorations élégantes mieux encore que celui des formes. On peut admirer au Musée du Luxembourg son *Fauconnier arabe*, dont l'inspiration, à n'en pas douter, vient de Biskra.

Vers 1867, il écrivit un livre qui le révéla au public comme un conteur aussi merveilleux qu'il était brillant artiste : tel chapitre sur les danseuses arabes les peint mieux que son pinceau.

A la 4e Exposition des peintres orientalistes français on trouvait deux sujets de M. A. G. Rigolot : *Dans une rue ; Sur les terrasses ;* et deux autres de M. Chudaut : *Lever de lune sur l'oasis ; Effet de lune au Vieux-Biskra*, qui sont en plein dans le style et qui donnent aux Parisiens une impression nette et sincère du ciel oriental et de la vie saharienne.

En dehors des artistes tels que Landelle, Thériat, etc., hôtes accoutumés de l'oasis, qui préparent des études pour l'Exposition de 1900, on pourrait citer quelques noms plus marquants parmi les visiteurs fidèles de Biskra. C'est ainsi qu'on y a vu séjourner en 1896-1897 : la duchesse de Cleveland, accompagnée de M. et Mme Stanhope, née comtesse Folstoï ; Mgr Chinnery, évêque d'Argyll et des Iles ; la comtesse de Galloway ; lord Campbell ; lady Nappier ; S. Cholmon Doley ; le général baron Faverot de Kerbrech et le colonel de Colonjon, en tournée d'inspection ; le comte de Pradoue ; le commandant Echague, comte de Cartagena, et Quinones de Léon, attachés de l'ambassade d'Espagne à Paris ; le comte de la Villegonthier, sénateur ; les comtes Le Marois de Beaumont et de Herbois ; le fils du général Larchey, commandant du XIXe corps d'armée, la caravane de l'Agence Lubiq ; les comtes Orloff Davidoff, grand écuyer du Tsar, et Voronzow Daschow, ministre de la cour impériale de Russie ; Mme et le capitaine Swetchine, de la garde impériale ; le comte et la comtesse de Berny.

Des ministres, des publicistes, des personnalités connues avaient déjà, les années précédentes, pu apprécier l'incomparable station d'hiver que sera un jour Biskra ; on y avait vu tour à tour Leygues, Ballu, Rampal, Lissagaray, Parodi, Rouart, André Gide et le chevaleresque de Morès qui rêvait déjà de s'enfoncer le plus avant possible dans le désert mystérieux.

Hiverneurs, malades, chasseurs, artistes, savants, poètes, venus des quatre coins de l'Amérique, de l'Europe et de l'Afrique même, se croisent, se rencontrent, se coudoient dans cette oasis délicieuse dont les charmes les ont séduits.

Le Cardinal Lavigerie, dont j'ai été le secrétaire pendant les trois dernières années de sa vie, aimait à revenir chaque hiver passer les mois pluvieux d'Alger sous le ciel bleu de Biskra. Il y avait même acheté une habitation en pleine ville, dans la rue qui porte son nom, et plusieurs hectares de terre, quelques-uns complantés en palmiers, aujourd'hui propriété des Pères Blancs et des Sœurs Blanches. Depuis 1888 surtout, il s'était attaché à cette oasis comme à une patrie nouvelle et de prédilection, d'où il rêvait de jeter dans le Sahara, vers le Soudan, dont il était vicaire apostolique, des hommes de foi et de dévouement qui seraient, il l'espérait, dans ces régions inexplorées, les premiers pionniers du christianisme et de la civilisation. Ces hommes, il avait cru les avoir trouvés, après sa campagne antiesclavagiste, dans les *Frères Armés du Sahara* qu'il avait fondés et dont il avait confié la formation à ses Pères Blancs. Malheureusement ce rêve généreux dut rester un rêve, soit à cause du gouvernement français qui en prit ombrage, sur les rapports secrets de l'autorité militaire, soit aussi parce que les jeunes pionniers, bien que choisis avec le plus grand soin, ne répondirent pas pleinement à ses espérances. Il est vrai d'ajouter que les fonds de l'Œuvre Antiesclavagiste n'aimaient plus à prendre le chemin du Sahara ; et quoique les premières allocations consenties pour la création des *Frères Armés* aient été généreusement fournies par M. Keller, alors président du Comité Antiesclavagiste français, des divergences de vues survenues après le toast du Cardinal, en novembre 1890, entre M. Keller et Lavigerie, tarirent la source des subsides ; tout conspira, de la sorte, à la dissolution des *Frères Armés,* que le Cardinal dut licencier trois jours avant sa mort, le 23 novembre 1892.

Quoi qu'il en soit, l'impulsion puissante donnée à l'hivernage par le Primat d'Afrique n'est contestée par personne, et l'une des dernières industries imaginées par le célèbre prélat, pour attirer les hiverneurs et les fortunés à Biskra, je veux dire la course des mehara, subsiste encore.

Disons tout cependant. La maison abandonnée par les *Frères Armés du Sahara* est devenue, depuis, la Maison de Dieu, *Bit Allah* : elle s'appelle aujourd'hui *Hôpital Lavigerie*, et les indigènes des deux sexes sont sûrs d'y trouver, pour faire soigner leurs maladies les plus repoussantes, d'héroïques religieuses, les Sœurs Blanches, qui exercent le même ministère dans trois autres hôpitaux dont le gouvernement général de l'Algérie a encouragé la fondation.

Pendant mon dernier séjour à Biskra, j'y ai pris l'initiative de l'érection d'un buste au cardinal Lavigerie pour y perpétuer la mémoire de ses bienfaits : la municipalité s'est montrée favorable à ce projet (1), l'évêque de Constantine l'a fait sien et je sais que les vaillants administrateurs de la Cie de Biskra et de l'Oued Rirh ne refuseront pas leur concours à la réalisation de cette idée patriotique.

(1) La ville a voté 2000 fr. dans ce but et le zélé curé de Biskra a déjà recueilli, m'écrit-il, bon nombre de souscriptions.

CHAPITRE IX

LE TRANSSAHARIEN

La prospérité de Biskra étant, à n'en pas douter, étroitement liée à la construction d'une voie ferrée transsaharienne, nous devons dire un mot de cette question, si importante, d'ailleurs, à d'autres points de vue. Le seul moyen de conquérir vraiment le Sud-Algérien, c'est, en effet, le chemin de fer du Sahara. Nous ne serons maîtres des Touareg et des régions immenses qui s'étendent jusqu'au Soudan et au lac Tchad que par la pénétration saharienne.

Le projet est déjà vieux, les tracés sont multiples, chaque ingénieur et chaque département a défendu le sien. En voici qulques-uns :

Par Oran : Aïn-Sefra, Igly, Timadanin, Timbouctou et le Niger.

Par Alger (tracé Broussais) : Laghouat, El Golea, Aïn-Salah.

Par Constantine : 1° (Tracé Deporter) Biskra, Tuggurt, Guerrara, Aïn-Salah, Timbouctou et le lac Tchad.

2° (Tracé Foureau) Biskra, Ouargla, Aïn-Salah, Timbouctou et le lac Tchad par l'Aïr.

3° (Tracé Philibert-Rolland) Biskra, Ouargla, Amguid, Hassou, Agadès et le lac Tchad.

C'est à ces deux derniers projets que semblent se rallier les ingénieurs, du moins pour la première partie du tracé.

Rappelons que, dès 1853, M. Cabanis publia une brochure très documentée sur l'intérêt que la France aurait à relier au plus tôt sa colonie du Sénégal à Alger par la vallée du Haut-Niger et la mystérieuse Timbouctou, aujourd'hui française. L'auteur donna vainement d'excellentes idées et ce ne fut qu'en 1875 que l'ingénieur Duponchel, MM. Tarry et Beau de Rochas reprirent ce projet et familiarisèrent le public avec la réalisation possible d'un transsaharien. Les journaux algériens publièrent de remarquables articles. Une commission fut enfin constituée à Paris et envoya trois missions dans le sud, entre autres celle de Flatters, dont on sait la fin tragique, et celle de Choisy. Pendant ce temps, les ingénieurs Deschamps et Pech furent chargés, par la *Caisse centrale populaire*, de faire les études d'une ligne devant relier Biskra et Ouargla à Tuggurt. Ce sont ces mêmes études qu'on présentait en septembre 1896 au vote de la Chambre.

Grâce à la persévérance de M. Tharel, président de la *Compagnie française de l'Afrique centrale*, la première partie du transsaharien, c'est-à-dire le *Biskra-Ouargla*, entre dans le domaine des proches réalisations.

Deux importantes études de M. F. Lesueur, dans le *Siècle*, démontrent, à l'aide des statistiques de l'Est-Algérien, que le trafic du Sahara est suffisant pour nécessiter la construction d'une voie ferrée ; mais il prouve avant tout que l'intérêt français politique, commercial et stratégique exige impérieusement la création du transsaharien.

Alger et Oran n'ont pas vu sans quelque jalousie le département de Constantine favorisé de cette voie ferrée ; mais le patriotisme doit primer les rivalités locales.

Outre le trafic qui doit venir des régions riches du Touat, du Gourara et du Tidikelt, Biskra et tout le territoire de l'Oued Rirh sont appelés à bénéficier de la création nouvelle. Les oasis françaises de l'Oued Rirh seront enfin reliées entre elles et au centre des Zibans, qui commandera commercialement une région considérable. L'importance de Biskra en doit être décuplée et il faut s'attendre à voir chaque année croître rapidement la fortune de la Reine des Oasis.

Les touristes pourront bientôt, sans redouter les fatigues d'un long voyage, visiter une grande étendue saharienne des plus originales ; et ceux qui craignaient la patache de Tuggurt n'hésiteront plus à se rendre en quelques heures jusqu'à Ouargla et visiteront les créations d'oasis faites dans le sud par de vaillants colons français (1).

L'immense domaine de la Compagnie de Biskra et de l'Oued Rirh se trouverait ainsi directement desservi et acquerrait une plus-value considérable.

Nous lisons, d'autre part, dans le *Bulletin* de

(1) « Pour un chemin de fer qui est à l'étude, a dit M. Cambon, le chemin de Biskra à Ouargla, nous avons dû, en soumettant le dossier au Gouvernement, ouvrir une enquête *de commodo et incommodo* chez les nègres de Ouargla... Les règlements l'exigeaient... » On a beaucoup ri au Sénat. Avec philosophie et surtout avec une mordante ironie, M. Cambon a ajouté que « si nous avions les avantages de la civilisation, il fallait en supporter les inconvénients. »

La région d'Ouargla exporte d'ailleurs 3000 tonnes de dattes ; que serait-ce s'il existait une voie ferrée ?

la Société des ingénieurs civils, l'exposé fait par M. Bergeron du résultat des observations recueillies par M. Foureau, l'explorateur bien connu du Sahara méridional. Après avoir rappelé les caractères des bordures occidentale, septentrionale et orientale du Sahara algérien, il en décrit la région méridionale dont les couches plongent toutes vers le nord. A partir de l'El Djoua, au crétacé supérieur succèdent des grès carbonifères et dévoniens; ces couches paléozoïques sont orientées du nord-ouest au sud-est; c'est l'orientation des principales vallées dans les *Tassili* (plateaux) des Azdjer.

Les hautes régions de ces plateaux reçoivent beaucoup d'eau et même de neige; parfois même les ouadi se transforment en torrents impétueux. L'eau suit la direction des couches paléozoïques, et si elle disparaît sous les sables de l'erg d'Issaouan, elle reparaît à Timassinin sous la forme d'eau jaillissante; il est très vraisemblable qu'elle suit souterrainement l'Igharghar pour arriver dans l'Oued Rirh.

Au contraire, la haute vallée de l'Igharghar est toujours à sec; les eaux descendant de l'Ahaggar coulent dans le lit de cet oued à peine jusqu'à Idélès.

Vers l'ouest, l'oued Mia est très riche en eau,

dont la présence se décèle par la végétation que l'on rencontre dans cette vallée qui va rejoindre l'Igharghar pour former l'Oued Rirh. Celui-ci semble donc formé souterrainement par la réunion des eaux venant de l'oued Mia et du Tassili. L'oued Igharghar avec ses affluents correspond à un bassin de réception considérable dont une faible partie lui fournit ses eaux.

D'après ces données, le transsaharien devrait suivre l'Oued Rirh, remonter l'Igharghar jusqu'à Timassinin pour gagner ensuite le Tassili, et non la haute vallée de l'Igharghar.

CHAPITRE X

LES COURSES. — LES CHASSES

C'est surtout pendant les courses et les fêtes exceptionnelles données à leur occasion que Biskra change de physionomie et regorge d'étrangers.

Elles ont lieu vers la fin du mois de janvier et revêtent un éclat inaccoutumé qui attire un tel nombre de touristes et d'indigènes que les hôtels et les maisons particulières ne peuvent les loger.

La Société hippique de Biskra avait choisi d'abord comme hippodrome un vaste terrain situé entre le cimetière et la voie ferrée de l'Est-Algérien. Aujourd'hui les courses ont lieu dans la petite oasis de Beni Mora, où les tramways de la Société de l'Oued Rirh ont une gare en face de l'ancien Tir aux pigeons, dans un parc d'essai abandonné.

Le programme comporte habituellement, le

premier jour, une grande course saharienne de mehara, instituée en 1890 par le Cardinal Lavigerie.

Je rappellerai à ce propos une anecdote charmante.

En 1891, l'illustre hiverneur donna un prix de 1000 francs pour le méhariste vainqueur, qui parcourut les 366 km. d'Ouargla à Biskra en 36 h. 20. Mais on prétendit que le chamelier avait trompé ses compétiteurs dès le commencement de la course : ayant prétexté une indisposition, subite, il s'était écarté après avoir prié ses rivaux de l'attendre ; alors, prenant un chemin de traverse, il était arrivé à Biskra bien avant ses concurrents. Le cardinal, à qui la difficulté fut soumise, résolut l'objection en disant : « Il a gagné par la tête », décision qu'il commenta à la population arabe, accourue pour entendre les revendications des champions vaincus.

Cette course, si originale, se fait entre Ouargla ou Tuggurt et Biskra : elle est combinée de manière à permettre à celui des compétiteurs qui semble devoir arriver le premier d'être en face de Cora, sur la route de Tuggurt, vers neuf heures du matin. Aussi voitures et cavaliers encombrent-ils déjà la route pour assister à l'arrivée triomphale du méhari vainqueur, que l'on escorte ainsi jusqu'à Biskra, après l'avoir magnifiquement pavoisé.

La deuxième journée, des primes sont accordées aux poulains de race arabe, barbe, ou croisés barbe-arabe, nés et élevés dans les cercles de Biskra et de Tuggurt ; ce concours a lieu dans le jardin public, devant le fort Saint-Germain, dans la matinée. L'après-midi ont lieu dix courses avec prix divers, qui sont ordinairement suivies d'une chasse au faucon, donnée par les habiles fauconniers de l'agha Si M' hammed ben Bouziz ben Gana, propriétaire de l'une des dernières fauconneries qui soient en Algérie (1).

Le troisième jour, après six courses ordinaires, dont une de steeple-chase militaire, ont lieu un défilé et un tour de piste des mehara ayant accompli le trajet Tuggurt-Biskra, et une grande fantasia à laquelle prennent part les goums de la commune indigène de Biskra. L'Algérie tout entière accourt à cette fête grandiose, et les étrangers font coïncider avec elle leur passage dans la capitale des Zibans.

Les merveilleux goumiers sont là, rangés sous les hautes palmes : et ceux d'Ali-Bey, caïd des Aurès, et ceux de Debbah, caïd des

---

(1) Elle se trouve aux Ouled Djellal.

Ouled Zekri, et ceux de Si M' hammed, agha de Biskra. Les plus riches ont des chevaux caparaçonnés de broderies, les chefs ont revêtu leurs plus beaux caftans. Voici que la dernière course est terminée. Aussitôt se fait entendre la frêle musique des *ghaïtas*, soutenue et accompagnée par la sourde harmonie des *bendirs* ; déjà les étendards jaunes, verts et rouges des tribus flottent au vent, faisant scintiller au bout de leur hampe la boule à croissant d'or, symbole de l'islam. Ils arrivent, ils passent majestueux devant leurs dominateurs : en tête, ce sont les aghas et les caïds en habits somptueux, gandoura de soie blanche, caftan bleu chargé de broderies d'or, burnous rouge ou amarante que la brise déploie comme un drapeau. Ils chevauchent lentement d'abord, comme pour montrer leurs chamarrures étranges et leurs costumes éclatants. Mais voici qu'ils reviennent, séparés en tribus ; puis, deux à deux, trois à trois, quatre à quatre, ils s'élancent dans une course vertigineuse, ne faisant qu'un seul et même être avec leurs cavales de flamme, dont ils ne cherchent qu'à exciter l'ardeur : c'est la chevauchée épique, délirante, échevelée ; c'est la fougueuse *fantasia*. Les voyez-vous passer dans un tourbillon de poussière les brillants cavaliers du désert ? Leurs burnous sont des ailes ; ils semblent emportés par un génie dans un galop fantastique vers la plaine verte et dorée où ils disparaissent comme un rêve ; mais en passant devant les spectateurs haletants, éblouis, ils se dressent sur leurs étriers, déchargent leur vieux fusil de guerre, dégaînent le sabre et le font tournoyer au-dessus de leur tête, chargent et déchargent encore, lancent leurs armes en l'air, sans ralentir leur course effrénée, les reçoivent dans leurs poings nerveux et, noyés dans des nuages de fumée, se perdent enfin dans l'horizon lointain.

C'est vraiment un spectacle incomparable qu'on ne peut contempler nulle part ailleurs avec un tel décor et sous un ciel si bleu (1).

Après la fantasia, les cavaliers traversent les principales rues de Biskra, étendards en tête, au son d'étranges fanfares de fifres, de flûtes et de derboukas, faisant de temps en temps parler la poudre et visiblement fiers du succès obtenu.

En dehors de ces courses, la municipalité et

---

(1) Ceci est tellement vrai que le plus répandu des journaux d'Alger exhale sa mauvaise humeur et sa jalousie en ces termes significatifs : « En regard de cette situation privilégiée, que pouvons-nous, Algérois, offrir à nos hôtes? Et Alger-la-Blanche est-elle immédiatement vouée à la décadence dont, depuis trois ans déjà, les effets se font si douloureusement sentir ? »

la direction du Casino organisent, pendant toute la saison, des fêtes bruyantes où l'on s'efforce de faire dominer l'élément indigène, qui est le principal attrait des hiverneurs; c'est ainsi qu'on a vu se fonder un *asinodrome* à côté du Dar-Diaf, et il n'y a rien de plus plaisant que les courses de bourricots arabes dans cette piste improvisée.

Si les courses offrent un intérêt tout spécial à Biskra, les chasses, elles, sont une source d'émotions bien plus exquises soit pour les amateurs, soit pour les hiverneurs de longue haleine.

On sait que l'Algérie est justement renommée pour ses chasses variées; mais encore faut-il rencontrer une région giboyeuse, car tous les coins de ce pays sont loin de l'être. Avouons-le sans ambages, Biskra et ses environs immédiats ne le sont pas, excepté au moment de la migration des cailles.

Il faut aller chasser à 20 kil. au nord, à l'est et à l'ouest, si l'on veut trouver les outardes, les lièvres, les perdrix grises, rouges, les canga et les perdrix de Barbarie qui affectionnent le pied des montagnes.

Il y a beaucoup de colombes à Sidi-Okba et dans les oasis de l'est; quelques canards viennent s'égarer du côté d'Oumache, et de rares bécassines dans les dépressions marécageuses et salines du sud-ouest de l'oasis, non loin de Fontaine-Chaude.

Pour voir des autruches, il est nécessaire de s'enfoncer à plus de 300 kil. dans le sud.

Les montagnes environnantes sont particulièrement riches en oiseaux de proie, qui vont chasser dans les plaines : ce sont des aigles, des faucons, des busards, des éperviers, des buses.

On y rencontre d'ailleurs, à peu près comme dans toute l'Algérie, une grande variété d'oiseaux de passage ou autres, tels que corbeaux, grues, alouettes, étourneaux, merles, grives, chardonnerets, moineaux, hiboux et chouettes.

J'y ai vu quelques rares ortolans.

On tue de temps à autre une panthère dans le djebel Metlili, dans les forêts du département de Constantine et de la Tunisie.

Le mouflon, *ovis ornata* (1) se chasse dans les bois de cèdres, de lentisques et de pins d'Alep de l'Aurès, de l'Ahmar Khaddou, du Metlili et du Bent el Arara.

On y trouve aussi l'*edmi*, antilope ou gazelle des montagnes.

(1) En arabe : *el aroui*.

La gazelle commune, *antidorcas*, des plaines sahariennes erre aux environs d'Aïn Naga et quelquefois d'El Outaya.

Quant à la gazelle des sables, elle est dans l'Extrême-Sud, comme l'antilope du désert, l'autruche et le guépard.

Il n'est pas rare de voir des hyènes dans les montagnes pelées des environs de Fontaine-Chaude. Mais il y a surtout des chacals dans ces parages ; non loin du col de Sfa on les entend crier dans les ravins aussitôt après le coucher du soleil.

La chasse du renard avec des slouguis dans la montagne est pleine d'intérêt.

Mais le véritable disciple de Nemrod lui préfère les émotions de la chasse au sanglier dans les monts boisés de Batna, des Chaouïa et de l'Ahmar Khaddou septentrional.

Pour les chasses au sanglier, à la gazelle et au mouflon, il est nécessaire d'emporter au moins une tente et de remplir la cantine de vivres pour plusieurs jours.

L'hiverneur qui arrive de bonne heure à Biskra, c'est-à-dire vers la fin du mois d'octobre, pourra assister à la cueillette des dattes dans les palmeraies des vieux ksours. Glaneurs gourmands et voleurs incorrigibles, les étourneaux s'abattent par nuées sur ces fruits dont ils sont friands, et c'est un amusement pour le chasseur paisible qui n'aime pas les excursions violentes et coûteuses, de faire la guerre à ces petits maraudeurs, à la grande joie des indigènes qui ouvrent toutes grandes les portes de leurs jardins.

La chasse aux colombes n'exige pas plus d'appareil ; le passage a lieu dans les oasis vers la fin du mois de février et durant le mois de mars.

Vers la même époque et aussi un peu plus tard, les cailles remontent du sud au nord : c'est alors que se mobilisent tous les chasseurs et braconniers de Biskra. Les orges commencent à grandir, un arrosage intense en hâte l'épiage. Bravant séguias et bourbiers, guêtrés jusqu'aux genoux, les amateurs s'éparpillent dans les champs verts, fusil au poing, cartouchière au ventre, carnier en sautoir, précédés de leurs limiers en liesse... et les cailles s'envolent de toutes parts, avec un sourd battement d'ailes, faisant courir les chiens et sacrer les chasseurs.

En 1897, les cailles ont fait leur apparition le 27 février, venant du Sahara par un temps idéal. Déjà le 21 février, une chasse organisée par le comte de Pradoue et ses amis dans les environs de Biskra avait été très fructueuse : on avait abattu sept gazelles, onze outardes et dix-huit autres pièces de gibier. De leur côté, les comtes de Herbois et Le Marois, le capitaine Baronnier et leurs amis, après avoir fait de grandes parties de chasse aux gazelles et aux mouflons, se sont mis à chasser la caille : ils sont rentrés un soir avec 208 pièces. Un Parisien, M. Frietmann, ayant passé une nuit à l'affût près des sources d'Oumache et des dunes, a tué 7 chacals et en a blessé 2. Ajoutons que si le plaisir de tirer les cailles est fort apprécié, la chair même de ces oiseaux, quoique un peu maigre, est particulièrement savoureuse, et les tables des grands hôtels en sont d'ailleurs largement approvisionnées.

On nous a vanté Sidi-Khaled comme l'un des coins les plus giboyeux de la contrée. Il y a là une ferme et des cases en pisé isolées de l'oasis, entre Chegga et Ouled Djellal. On est en pleine brousse, dans le site le plus pittoresque. Les alfas et les tamarins qui avoisinent la ferme sont riches en perdrix, bécassines, gazelles, lièvres, outardes et cailles : il n'est pas rare de rencontrer près de l'oasis des sangliers, qui fouillent la terre pour s'emparer des racines sucrées de certaines plantes sauvages dont ils sont particulièrement friands.

Dans la plaine d'El Outaïa, la ferme Dufourg est très giboyeuse. Près de la montagne de Sel il y a une telle abondance de ramiers qu'on peut regarder ce coin comme le plus admirable des tirs aux pigeons.

En résumé, la distraction de la chasse est une de celles qu'on peut se procurer à Biskra et dans les Zibans. Il ne faut pas, sans doute, espérer y chasser les lions de l'Atlas ou du désert, pas même l'autruche ; les autruches sont trop loin de Biskra, quant aux lions, il n'y en a plus dans l'Afrique septentrionale. Mais une chasse paisible, hygiénique, agrémentée même, en certains endroits, d'émotions plus violentes que de coutume, n'est pas impossible à trouver. Que l'hiverneur ait donc bien soin de se pourvoir d'un *hammerless* ou d'une carabine *winchester*, si, du moins, il aime ce genre de sport, et qu'il puisse s'en payer le luxe, sous la tente, dans le désert ou dans les contreforts de l'Aurès.

DEUXIÈME PARTIE

LES OASIS ENVIRONNANTES

CHAPITRE PREMIER

AIN OUMACHE. — OUMACHE. — L'OUED DJEDDI
LA FORÊT DE SAADA.

Une des routes les plus intéressantes est sans contredit la route des Zibans. On peut la parcourir en bicyclette jusqu'au marabout de Sid Ghezel ; passé ce point, la chaussée ne permet plus ce genre de locomotion, et force est aux touristes d'aller à cheval ou en voiture, en suivant de simples pistes.

On laisse à droite le chemin des Zibans, qui court parallèlement au djebel Maouya Gorah et à ses prolongements, pour prendre une piste qui, s'infléchissant vers le sud, traverse de petites dunes semblables à celles du Souf et de l'Oued Rirh, bien connues de tous les voyageurs. Après avoir traversé une région de monticules sablonneux couronnés d'une maigre végétation qui, vus d'une certaine distance, ressemblent à des meules de foin, on rencontre des chotts desséchés, recouverts d'une croûte de sel de magnésie mêlé à du sable, qui donnent une idée de la physionomie du sol saharien ; la plaine est composée d'une couche de salpêtre, à végétation rare, qui s'étend du pied des dunes jusqu'aux oasis prochaines.

On laisse à droite les chotts et les collines de sable pour traverser un plateau rocheux, nu et aride, dont la monotonie désolante est brusquement coupée par un ravin au fond duquel surgit bientôt une rivière qui bouillonne au milieu de rochers énormes, tapissés de capillaires et disposés dans le désordre le plus pittoresque : les eaux y sont recueillies dans une tranchée ménagée avec le plus grand soin.

Non loin de là, d'autres sources moins importantes mais jaillissant dans le même décor, constituent ce que l'on appelle les sources d'Oumache. Quelle agréable sensation de fraîcheur surprend le touriste fatigué par la sécheresse de l'air saharien lorsqu'il approche de ces eaux bienfaisantes ! Elles s'en vont, en serpentant à travers les dunes, arroser les palmiers du Mégloub, plantation de M. Dufourg, et plus au sud, les dattiers de l'oasis d'Oumache.

Le ksar d'Oumache est le type des villages sahariens des Zibans. Il est juché sur une éminence autour de laquelle se développent encore aujourd'hui les fossés d'eau stagnante qui servaient jadis à sa défense. Sa position est très pittoresque. Une porte d'entrée est percée dans la muraille de terre, comme il y en avait autrefois dans les châteaux forts, et l'on est à se demander si cette toub n'aurait pas été ainsi organisée par les aborigènes ou par les colons romains et transformée plus tard par leurs successeurs selon la nécessité des temps. Comme dans tous les ksours sahariens, il y a un marché, avec, tout autour, des boutiques à portes excessivement basses qui conservent la fraîcheur et le mystère. De-ci de-là on peut remarquer des frontons de porte, des seuils, des pierres, des ruines de toute sorte, traces évidentes de la civilisation romaine, que l'on rencontre d'ailleurs dans tous les grands centres du Sud-Algérien. Un marabout domine le ksar : c'est le tombeau d'un personnage vénéré dont les Arabes ne franchissent le seuil qu'avec respect. Sur une petite esplanade qui avoisine le sanctuaire les indigènes aiment à faire leurs dévotions, après avoir religieusement absorbé plusieurs tasses de *caoua* et fait de longues siestes à l'ombre même du saint sépulcre. Toutefois, il y a dans ce coin, si animé au milieu de l'immense solitude qui l'environne, une poésie singulière, et quand la voix du muezzin retentit plusieurs fois par jour avec des intonations mélancoliquement prolongées, je ne sais quel trouble et quel attendrissement s'empare du cœur des touristes les plus sceptiques : c'est qu'il est grandiose cet appel à la prière, fait dans un décor incomparable, en face de solitudes infinies et d'un soleil éternellement brillant, sous un azur qui ne s'altère jamais !

Au sud de l'oasis on rencontre l'oued Djeddi où l'on peut retrouver les ruines d'un pont romain. Les Arabes ne se sont pas donné la peine de restaurer ses arches et ses piliers ; ils préfèrent traverser la rivière à gué en relevant leur gandoura, gravement assis sur leur bourricot ou leur mulet étique.

On peut revenir à Biskra en suivant l'oued.

Il existe dans ces parages des halliers de tamarins et des fourrés de joncs très giboyeux : il n'est pas rare d'y apercevoir des gazelles, des outardes, des lièvres et des perdrix.

Plus au nord s'étend la forêt de Saada, détruite naguère par un incendie et actuellement couverte de tamariniers.

CHAPITRE II

BRANIS. — LE COL DE SFA

A 22 kil. environ de Biskra et dans la direction nord-est, un des contreforts de l'Aurès se termine par le plateau de Branis. Les 2000 palmiers de l'oasis de ce nom sont arrosés par l'oued Abdi, qui va perdre ses eaux dans l'immense cuvette du chott Melghir par des voies souterraines, comme la plupart des ouadi du même bassin.

Il est assez difficile d'aller à Branis en voiture ; le mieux est de prendre un cheval ou un mulet. On commence par traverser le lit de l'oued Biskra dans la direction du *Col des Chiens*, et l'on arrive bientôt sur un plateau aride et désolé qui se termine brusquement par les pentes verdoyantes de l'oued Abdi.

L'œil de l'excursionniste se repose avec délices sur les massifs de lauriers- roses qui encadrent la rivière, formant ainsi un contraste étrange avec les collines rougeâtres de l'horizon lointain. Le lit de l'oued en cet endroit n'a pas moins de 800 m. de largeur. Un sentier bordé de lentisques, d'aloès et de cactus serpente de l'oued à l'oasis, dont la verdure métallique des palmeraies est en singulier relief sur le sol pelé qui l'entoure. On a perdu de vue l'immense plaine saharienne dans le pli de terrain où verdoie Branis; il n'y a plus que trois couleurs : le bleu du ciel, le gris des rochers et le vert sombre des dattiers.

Rien de plus bizarre que la berge à pic qui domine l'oued Abdi : elle affecte des formes tournantes de créneaux, de tourelles, de remparts, d'architectures féodales démantelées ; que de siècles n'a-t-il pas fallu à la rivière pour se creuser un lit si profond dans ces rochers de calcaire qu'elle érode toujours! Du haut de ces crêtes, qui s'étendent à perte de vue le long de ses rives, le touriste peut embrasser d'un coup d'œil toute la flore saharienne : à ses pieds se déploient des jardins embaumés où fleurissent, parmi les dattiers, les figuiers, les orangers, les oliviers et les abricotiers.

Bien que le sol y soit très fertile, Branis est pauvre : ses habitants se sont servis de pierres arrachées aux ruines romaines qu'on y rencontre pour édifier leurs maisons autour de celle du cheik.

L'eau de la rivière baigne l'oasis, formant des cascatelles dont les flots jaseurs charment le touriste après les solitudes rocheuses et nues qu'il vient de traverser. C'est là qu'il fait bon se refaire, à l'aide de provisions apportées de Biskra, en contemplant le cours torrentueux de l'oued qui bondit de rocher en rocher pour aller se perdre au loin en nappes souterraines.

Le mieux est de revenir, après avoir salué le cheik, par la plaine de Dar Raous où paissent souvent des troupeaux de gazelles : de nombreuses touffes de guettap, des bouquets de tamaris sont, dans ces parages, un gîte propice aux lièvres et aux perdreaux (*canga*).

On traverse la voie ferrée, le campement des Ouled Zian et on gravit les contreforts de la montagne dans la direction du Col de Sfa.

Ce col fameux, par où passe la route de Batna et d'El Kantara à Biskra, est incomparablement situé entre l'immense plaine saharienne au sud et la plaine d'El Outaya au nord. On y va facilement en voiture, de Biskra, par une des meilleures pistes qu'on puisse désirer. La chaîne rocheuse qu'il coupe s'en va mourir au sud-ouest, dans la direction de Zaatcha et d'El Amri. Le voyageur, arrivé au point culminant du col, voit s'étendre à ses pieds comme les vagues pétrifiées d'un Océan saharien dont le flux et le reflux seraient venus battre le pied de la montagne. Au second plan, derrière les ondulations rocheuses, apparaissent les plus proches oasis : Biskra, Filiache, Chetma, Sidi Okba, dont les points verts font ressembler la plaine désertique à une immense peau de panthère. Plus loin, c'est l'horizon bleu du ciel qui se confond avec la mer de sable. En contemplant ce tableau pour la première fois, nos soldats s'écrièrent, complètement illusionnés : « L'Océan l'Océan !... » La pensée séduite conspire avec les yeux.

Le col de Sfa est dominé par un poste optique aujourd'hui abandonné et en ruines, sur les murs intérieurs duquel quelques visiteurs de passage se sont plu à graver une date et leur nom : qui sait s'ils reviendront jamais revoir sur ces hauteurs les levers et les couchers de soleil, d'une si empoignante beauté dans ce grandiose décor !

Le cardinal Lavigerie ne connaissait pas de plus magnifique spectacle que celui de la plaine immense courant ainsi à perte de vue vers l'horizon sans vie. Que de fois ne l'ai-je pas accompagné au col de Sfa où il se faisait conduire pour contempler longuement le Sahara qui semble se dérouler comme une mer profonde ! Et après s'être silencieusement noyé dans cette lumière qui se transformant transforme tout avec elle, après avoir perdu son regard vers la ligne rouge, violette ou noire de l'horizon, il rentrait à Biskra, bénissant le Créateur dans une des plus splendides peintures de ses mains.

CHAPITRE III

SIDI OKBA

Une des excursions les moins difficiles et les plus pratiquées dans le Zab Chergui est, sans contredit, la promenade à Sidi Okba. S'il faut en croire le guide Piesse, ce serait une misérable bourgade où foisonnent les lépreux, les aveugles, les gens atteints d'ophtalmies. J'ai franchi à cheval et en voiture, à plusieurs reprises, les 23 kil. qui séparent Biskra de Sidi Okba, j'ai parcouru l'oasis et les ksours dans tous les sens, eh bien, je puis affirmer que ce jugement est exagéré : il n'y a pas à Sidi Okba plus de malades que dans les autres oasis, bien que les affections mentionnées plus haut y trouvent un terrain favorable.

Sidi Okba, au sud-est de Biskra et à 44 mèt. d'altitude, est la capitale religieuse des Zibans, comme Biskra en est la capitale civile et politique.

On peut s'y rendre en voiture, et même en bicyclette à partir de la rive gauche de l'oued Biskra, sur lequel il n'y a pas de pont encore. Laissant à droite la petite oasis d'El Alia et longeant l'antique nécropole qui s'étend du côté de Filiache, on arrive bientôt en face de l'oasis de ce nom, où plusieurs colons français possèdent des jardins de palmiers. Elle n'offre rien de remarquable. Depuis bon nombre d'années, elle est en procès avec la commune de Biskra au sujet des eaux qu'elle prend dans la rivière ; ce procès curieux suit toujours son cours plein de péripéties, passionnant de part et d'autre les colons sahariens, qui possèdent au plus haut degré l'art de changer en or le moindre filet d'eau claire. En poursuivant sa course vers Sidi-Okba, le touriste peut quelquefois jouir du spectacle d'un lointain mirage : c'est presque toujours vers le sud qu'il faut les chercher, entre Sidi Okba et Saada.

La fondation de la ville et de l'oasis de Sidi-Okba, qui possède actuellement plus de palmiers que Biskra (1), remonte à douze ou treize siècles. « Okba ben Nafi, nommé deuxième gouver-

---

(1) L'oued El Abiod descend des Aurès, pénètre dans le Sahara par une gorge étroite, et ses eaux sont fractionnées, proportionnellement à leur importance, pour aller arroser les palmiers de Garta, Seriana, Sidi-Okba.

neur ou émir de l'Ifrikia par le khalife Maouïa (670), fonda Kairouan. Les Romains, dont la discorde avait affaibli la puissance, se réfugièrent alors dans leurs places fortes, et les Berbères continuèrent à occuper les campagnes jusqu'à l'arrivée d'Abou'l Mohadjer, affranchi auquel le nouveau khalife Yezid, fils de Maouïa, venait d'accorder le gouvernement de l'Ifrikia.

Le droit de commander au peuple berbère appartenait alors à la tribu d'Aureba et fut exercé par Koceila, chef des Ben Arès. Il avait pour lieutenant Sekerdid-Ibn-Roumi. Chrétiens d'abord, ils s'étaient tous deux faits musulmans lors de l'invasion arabe ; mais ensuite, sous l'administration d'Abou'l Mohadjer, ils renoncèrent à leur religion et rallièrent tous les Ben Arès sous leur drapeau. L'émir marcha contre les révoltés et, arrivé aux sources de Tlemcen, il les battit complètement et fit Koceila prisonnier. Le chef berbère n'évita la mort qu'en faisant de nouveau profession d'islamisme.

En 681, sous le khalifat de Yezid, Okba vint prendre pour la deuxième fois le commandement de l'Ifrikia. Il se mit alors en marche pour le Moghreb. Dans cette expédition il défit les princes berbères qui, soutenus par les Francs, lui avaient livré bataille dans le Zab et à Tehert.

Après avoir fait beaucoup de butin et de prisonniers, Okba poussa jusqu'au bord de la mer et revint ensuite, toujours victorieux. Parvenu à Tobna, il renvoya ses troupes par détachements à Kairouan, tant il croyait avoir effectué la conquête du pays et la soumission des Berbères. Resté à la tête d'un petit corps de guerriers, il se mit en marche pour Tehouda ou pour Badès, afin d'y établir une garnison.

Arrivé aux environs de Tehouda, Okba se vit attaquer à l'improviste par les Berbères qui le suivaient depuis longtemps. Un combat acharné s'ensuivit et Okba y succomba avec tous les siens. Le corps d'Okba repose dans une tombe enduite de plâtre sur laquelle on a érigé une mosquée. Cet édifice s'appelle la mosquée d'Okba et forme un but de pèlerinage, un lieu saint dont la visite est censée attirer la bénédiction de Dieu (1).»

La mosquée de Sidi-Okba, le plus antique monument de l'Islam dans ces contrées, est toujours vénérée par les Musulmans : elle est entourée d'un portique, et sa terrasse est soutenue par vingt-six colonnes dont les chapiteaux, ornés de peintures, sont diversement sculptés. Son minaret carré, blanchi à la chaux, s'amincit

---

(1) Ibn Khaldoun.

vers le sommet et domine au loin la route de Zéribet et la plaine du Zab Chergui.

Le corps du guerrier repose dans une kouba, à côté du *mihrab* (estrade). Le *tsabout* (châsse) qui recouvre l'émir est rehaussé de pièces de soie multicolore bordées d'inscriptions. Un placard contient plusieurs ouvrages dépareillés de droit, de grammaire et de religion. L'un des piliers qui portent la kouba renferme cette inscription en caractères koufiques rappelant le premier siècle de l'hégire et qui semble la plus ancienne de l'Afrique musulmane : *Ceci est le tombeau d'Okba, fils de Nafi. Que Dieu le reçoive dans sa miséricorde.*

En quittant la mosquée on peut s'arrêter devant une porte en bois, d'un travail curieux, qui viendrait de Tobna, dans le Hodna, d'autres disent de Tunis, parce qu'elle rappelle l'art si délicat des Maures.

Lors de la mort d'Okba, ni le village, ni l'oasis n'existaient. Ce ne fut que beaucoup plus tard, après la conversion du pays à l'islamisme, que, sur l'indication d'un derviche honoré dans la montagne, la mosquée fut élevée, la ville vint se grouper autour, et les premiers palmiers furent plantés. Chaque année, il s'y fait un grand pèlerinage auquel prennent part des Musulmans accourus des points les plus éloignés.

A côté de la mosquée se trouve une zaouïa où l'on enseigne le droit musulman.

Le marché, qui se tient dans la rue principale, présente un aspect bizarre, un fouillis de couleurs chatoyantes, un grouillement d'hommes et de haillons très curieux et souvent très sales. Ajoutez à cela le bourdonnement des mouches, la plainte lamentable des chameaux que l'on charge et les appels réitérés de ces quémandeurs insatiables et espiègles que sont les enfants arabes.

Dans la maison du cheik il faut voir un autel sur lequel est gravée une inscription romaine : c'est une dédicace trouvée à Thoudda, l'ancienne Tabudeos, au nord de Sidi-Okba, et consacrée au dieu invaincu par Marcus Messius Messor, préfet de cohorte, pour sa sauvegarde et celle de son armée.

Depuis quelques années, il y a trois ou quatre Français noyés dans la population arabe de Sidi-Okba ; ils tiennent des buvettes... pour les touristes, car les indigènes ne boivent que du lait et de l'eau. Le mieux est d'emporter son déjeuner de Biskra et de n'y rentrer que le soir, après avoir passé la journée à Sidi-Okba. L'hospitalité, d'ailleurs, est toujours gracieusement offerte aux étrangers dans le jardin du caïd.

homme profondément religieux, avec lequel le P. Delattre (1), un de mes meilleurs amis, a eu plusieurs entretiens dont la traduction m'a beaucoup édifié.

(1) P. Delattre, Père Blanc, correspondant de l'Institut, fondateur du Musée de Carthage, et curé de la cathédrale Saint-Louis.

CHAPITRE IV

CHETMA. — DROH. — SIDI-KHEHL. — SERIANA. — GARTA. — THOUDDA

L'hiverneur qui passe plusieurs mois à Biskra fera bien de consacrer une demi-journée ou même une journée entière, en ayant soin de se pourvoir de vivres, à chacune de ces pittoresques oasis qui s'échelonnent sur les derniers contreforts du djebel Aurès, entre Biskra et Sidi-Okba. A la vérité, on pourrait les visiter toutes en un jour, la plus distante, Thoudda, n'étant qu'à 23 kilomètres de Biskra. On peut d'ailleurs s'y rendre en voiture, mais il est bien préférable de prendre des mulets ou des chevaux, à cause des lits desséchés et ravinés d'ouadi qu'il est nécessaire de franchir, ce qui est peu commode pour un attelage.

A 7 kilomètres de la rivière, dans la direction

de l'est, on trouve l'oasis et le village de Chetma, dont les 16.000 palmiers sont arrosés par trois sources abondantes (1) situées au nord, sur la route de Mchounèche : l'une d'elles forme un bassin circulaire où les habitants vont se baigner, hommes et femmes à tour de rôle, au pied d'un arbre *marabout*, pendant que les gandouras, les burnous, les foutahs multicolores, récemment lavés, sèchent au soleil et flottent comme des pavillons.

Quelques-unes des rues de Chetma sont, à de certaines périodes, complètement transformées en ruisseaux qu'on ne peut traverser que sur des passerelles de pierres. Cette oasis a un cachet particulier qu'on ne retrouve pas dans les autres ksours sahariens : plusieurs de ses maisons ont deux et trois étages, ce qui est inouï dans ces contrées, et maint quartier de Chetma, avec ses murs élevés, ses portes massives et les meurtrières de ses constructions, présente un aspect de ville fortifiée.

Un de nos artistes a peint une toile intitulée : *Une boucherie à Chetma*. Elle est étrange, en effet, cette boucherie indigène où il se vend de

---

(1) L'eau de la principale source artésienne renferme surtout du chlorure de sodium, du sulfate de chaux, de la magnésie, des carbonates et de la silice gélatineuse.

la graisse de mouton, sur le pas de la porte, à côté des sangliers et des gazelles qu'on dépèce sur place.

Il y a quelque temps, Chetma possédait encore un bon vieux cheik, aussi vénérable qu'hospitalier, du nom de Lakdar. Il ouvrait toutes grandes les portes de son jardin aux touristes qui lui rendaient visite, et leur faisait lui-même les honneurs de sa dachera. Quelles heures inoubliables j'ai passées à l'ombre de ses figuiers et de ses grenadiers en fleurs !

A partir de Chetma, le chemin qui conduit aux oasis de l'Ahmar-Khaddou n'est guère carrossable. Je suis allé moi-même jusqu'à Droh, en compagnie du jeune curé de Biskra, et c'est à mulet que nous avons franchi par monts et par vaux, tantôt sur des terrains calcaires, tantôt sur de la pierre à fusil, les 9 km. qui séparent Chetma de cette oasis.

Droh a fort peu d'habitants, 175 à 200 environ, à la tête desquels est placé un maire ou cheik, secondé par un *taleb* (maître d'école). La petite mosquée, qui sert en même temps de palais scolaire, est à quelques pas de la maison du cheik. Il n'y a d'ailleurs, à proprement parler, qu'une rue à Droh, qui va de l'est à l'ouest, dans la direction des eaux, et les maisons en *tôb* s'élèvent sur une seule ligne de chaque côté de la voie. Les deux sources de Droh, dont l'une a un débit de cent litres par seconde, se forment à Aïn-Kebira. L'eau est très potable : les sulfates y dominent, comme dans les eaux de surface ; elle ne provient pas des mêmes profondeurs que les autres sources, riches en chlorure de sodium ; cette nappe artésienne doit sortir du terrain crétacé, tandis que celle de Chetma doit traverser une grande épaisseur de terrain pliocène. Ces eaux vont fertiliser au loin, après avoir traversé Droh, une étroite bande de terre qui s'étend entre Chetma et Sidi Khelil, le long du lit de la rivière.

Un chemin carrossable et direct existe entre Biskra et l'oasis de Sidi-Khelil, située à 13 km. environ et perchée comme un nid d'aigle sur des rochers pelés, à travers lesquels courent de mauvais sentiers. L'habitation de Sidi bel Kacem, cheik de Sidi-Khelil, est de construction récente. Il n'y a guère qu'une vingtaine de gourbis et 150 habitants, lesquels sont tous khrammès.

Rien de plus frappant que le contraste entre la maison toute moderne du cheik et les pauvres cases des serfs qui l'entourent. On sent bien que ceux-ci sont pour celui-là, et que les marbres de son manoir, les belles chambres de son palais, les fontaines et les arcades de ses cours intérieures, tout ce bien-être et tout ce luxe sont des extraits de la sueur des pauvres gens. Cependant je les ai vus travailler gaiement, sans espoir d'améliorer leur situation, et ils ne se plaignaient point : Dieu les a voulus ainsi, c'était écrit, *mectoub !*

Comme Sidi-Khelil, Seriana s'élève sur la pente des derniers contreforts de l'Ahmar-Khaddou, une des chaînes sud-ouest de l'Aurès, dont les puissantes assises de calcaire rougeâtre appellent de loin l'attention. La petite oasis de Seriana est à 3 km. de Sidi-Khelil. Elle est célèbre par l'insurrection de 1849 et les combats qui s'y livrèrent ; le commandant Saint-Germain y fut blessé à mort.

Les palmiers de Sidi-Khelil sont arrosés par les eaux torrentueuses de l'oued el Abiod (la rivière blanche) qui prend sa source dans le massif de l'Aurès.

En remontant le cours de ce torrent, on arrive tout d'abord à Mchounèche, qui se trouve à

38 km. à l'est de Biskra. La route étant accidentée et très pittoresque ne semble pas longue. Au pied de l'Ahmar Khaddou, dans une gorge profonde que la rivière s'est creusée à travers la montagne, sont situées l'oasis et la dachera de Mchounèche. Rien de plus beau que le panorama qui, du haut du ksar, se déroule à vos pieds. Dans les plis formés par les ravins sont enchâssées, comme d'immenses émeraudes, les vertes oasis d'El Afri, de Blidah, de Beniane. On pourrait les visiter; mais tout ce parcours exige quatre grandes journées, des matelas et des vivres; car les cheiks ne peuvent guère vous offrir que l'abri pour vous et vos montures.

Si, au contraire, l'on descend dans la direction de Sidi-Okba, vers le sud-est, on rencontre successivement les oasis de Tehoudda ou Thoudda, l'ancienne Tabudeos romaine dont on montre encore les ruines, et de Garta, petit village situé sur l'oued el Abiod, non loin de Sidi-Okba.

Dans les environs et les intervalles qui séparent ces oasis s'étendent d'immenses terrains, fréquentés en hiver par les troupeaux, et quelques champs de céréales aux abords des cours d'eau.

Les cultures de ce genre sont même de plus en

plus développées à mesure qu'on approche des oasis du nord-est : Garta, Seriana, Debbia, sur l'oued el Arab, Zeribet et Liana possèdent de magnifiques champs d'orge.

CHAPITRE V

LES AUTRES OASIS DU ZAB CHERGUI

Le Zab Chergui ou Zab de l'est possède, en outre, plusieurs autres oasis que nous nous contenterons de mentionner, en donnant quelques indications sommaires.

Après avoir traversé à mulet l'oued Biraz, qui descend de l'Aurès, on arrive d'abord à Aïn-Naga, 44 km. est de Biskra. C'est un village sans importance, construit sur une butte, au milieu d'un bosquet de dattiers.

10 km. plus loin, c'est Sidi Salah, non loin de l'oued Mousef, presque toujours desséché, aussi n'y a-t-il presque pas de palmiers dans cette dachera ; en revanche les mirages y sont fréquents.

En se dirigeant encore vers l'Orient, on franchit le lit de l'oued el Haguef et à 84 km. de

Biskra on trouve Zeribet el oued (la closerie de la rivière). Au confluent de l'oued el Arab et de l'oued Gouchtal s'élève un fortin qui commande la prise d'eau et le pays. Zeribet a peu de palmiers ; ils sont disséminés au sud du village et sur la rive gauche de l'oued el Arab qui, ainsi que son affluent, descend du massif de l'Aurès. On raconte que Sidi Hassan el Koufi, originaire du Hedjaz, aurait fait couler cette rivière en adressant au ciel d'ardentes supplications ; mais la récompense offerte à ce thaumaturge n'a sans doute pas été proportionnelle à sa foi, car il faut tous les orages de la montagne pour empêcher le torrent d'être à sec et fournir l'eau indispensable à l'oasis. Quoi qu'il en soit de la légende, la postérité reconnaissante a érigé à son bienfaiteur la kouba qui porte son nom, et qu'abritent les verts panaches de palmiers séculaires.

Les espaces désolés qui s'étendent entre Zéribet et Liana, distante de 97 km. de Biskra, sont caillouteux et noircis par les ardents rayons du soleil saharien. Le village, sur l'emplacement duquel se trouvait autrefois une colonie romaine, est bâti sur la rive droite de l'oued el Arab qui s'est creusé à cet endroit, par son cours torrentueux des jours d'orage, un lit d'environ 200 m. Comme l'oued Biskra il n'est plein qu'une ou deux fois par an, à l'époque des premières pluies de novembre et de la fonte des neiges, en avril.

La mosquée de Liana est dédiée au vénérable Bou Sebâ Hadj, ancien pèlerin de La Mecque; ce monument très modeste ressemble à ceux que nous avons déjà décrits : les murs sont en tôb ; les colonnes, en bois de palmier brut, sont couronnées de chapiteaux corinthiens et doriques provenant de ruines romaines ; la tour de la mosquée est plus basse et plus trapue que celles des autres oasis.

Les environs de Liana, où surgissent à chaque pas des constructions en pierre ou en briques, telles que des aqueducs, des puits, des bornes milliaires, trahissent l'existence d'un établissement romain qui devait s'élever sur les bords de la rivière.

A 107 km. de Biskra et 10 km. plus loin se trouve Khrenguet Sidi Nadji. Le ksar est construit près des sources mêmes de l'oued el Arab, au pied du djebel Tamazous, à 254 m. au-dessus du niveau de la mer.

S'il faut en croire les traditions locales, Khrenguet aurait été fondée il y a trois cents ans par les ancêtres du caïd actuel de la localité. Cette famille, très ancienne, appartient à la tribu des Ouled Nadji qui, avant l'occupation du pays par les Turcs, vivaient en nomades sur le territoire S.-E. des Zibans, ayant à leur tête les aïeux du caïd.

La maison de celui-ci ressemble aux édifices mauresques des grandes villes du littoral avec sa cour intérieure, ses portiques et ses fontaines. L'extérieur, au contraire, a l'apparence d'une citadelle : on pénètre dans cette espèce de château fort par une voûte obscure; les murs, qui ont maintes fois servi à sa défense, gardent encore aujourd'hui les marques des projectiles dont ils furent criblés en 1846 par la tribu des Nemencha, venus de l'Aurès pour assiéger et emporter d'assaut cette redoutable forteresse.

A côté de la résidence du caïd s'élève une belle mosquée dont la cour, entourée d'un cloître à colonnes de marbre, renferme un superbe palmier ombrageant un puits. Cette église musulmane, qui est une des plus riches de la contrée, a été construite près d'un tombeau à coupole où reposent les restes honorés de son fondateur, Embarek, mort à Krenguet en 1614.

Le plateau sur lequel s'étend le village présente au touriste un point de vue exceptionnel. On y trouve les ruines d'un fort bâti par les Tunisiens, qui ont laissé dans ce ksar et aux environs de nombreuses traces de leur domination et de leur architecture. Les monuments de Sidi Nadji, où la pierre domine, se distinguent, en effet, de tous ceux des Zibans, généralement construits en pisé.

Les oasis de Taddart, de Ferkane et de Négrine, à l'est de Sidi Nadji, n'offrent rien de particulier. Ce sont les dernières de l'Algérie et elles confinent au pays des dattes, *beled el djerid*, qui se trouve sur le territoire tunisien.

L'excursionniste, à moins qu'il ne veuille continuer son voyage jusqu'à Gabès par Gafsa, peut donc revenir sur ses pas et rentrer à Biskra par un autre chemin. Deux s'offrent à lui : le premier qui lui permettra de visiter des oasis très pittoresques, cachées comme des nids de verdure dans les ravins de l'Aurès ; il devra passer, dès lors, par Taboui Ahmed Mdila, El Oudja, Djeurf, Chebli, Sidi Abid, Kheiran, Taberga, Sidi Kebeloub, Aïn Tamagra, pousser jusqu'à Khrenchela, et revenir enfin par Tamza, le Hamma, Sidi Ali, Sidi Faialla, Tiranimin, Oued

Idder, Mchounèche et Branis, dont nous avons déjà parlé.

Mais cette route est en partie hors des Zibans et de notre étude. Pour rester complètement dans la région saharienne, il nous faut prendre une route plus longue que celle de l'aller, sans doute, mais qui est encore assez intéressante et dont nous allons indiquer les principales étapes.

La première oasis que l'on rencontre, vers l'ouest, est l'ancien poste romain de *Ad Badias*, construit sur une éminence à 182 m. d'altitude et portant aujourd'hui le nom légèrement corrompu de Badès. Il est à 12 km. de Khrenguet.

On y trouve à chaque pas, dans l'oasis et aux alentours, des fûts de colonnes, des pans de murailles, des fragments de marbre, dont les pièces les mieux conservées et les plus volumineuses ont servi à l'édification du marabout de Sidi Betkari. Derrière ce tombeau, il existe des ruines d'une basilique chrétienne.

L'écrivain arabe Ibn Khaldoun donne des détails très curieux sur cette localité et la plupart des oasis environnantes : nous ne pouvons qu'y renvoyer le lecteur.

Zeribet Ahmed est à 19 km. nord-ouest de

Khrenguet. De ce ksar vers le nord-ouest part un chemin muletier qui conduit successivement aux oasis de Ferkane, dans un pays très pittoresque, de Négrine, qui possède des gorges, des cascades et des jardins touffus, et de Besseriani, qui ne serait autre que la colonie romaine de *Ad Majores*.

En se dirigeant ensuite vers le sud-ouest, la dépression du sol devient de plus en plus sensible.

On ne s'arrête pas à L. M. Sahim, ni à Ouled Ahmar, et après avoir fait 59 km., on parvient à El Faïd (1), à 9 m. au-dessus du niveau de la mer.

El Faïd se compose de deux villages groupés au confluent de l'oued Debbah et de l'oued el Arab. Le centre du bec est marqué par un marabout qu'ombrage un palmier; l'un et l'autre servent de limite entre les deux dacheras, dont la plus occidentale appartient à la famille des Ouled ben Khadidja.

Avant les forages artésiens, qui transforment certaines régions de l'oued Rirh, c'est El Faïd qui possédait le puits le plus profond des Zibans : il atteint 156 m.

Un spectacle qu'on avait autrefois à Biskra et

(1) *El Faïd*, la plaine inondée.

qu'on y a supprimé à cause des dangers dont il n'est pas exempt, mais dont on peut jouir encore à Chegga et à El Faïd, est celui des acrobates arabes, généralement très forts et très adroits ; ils n'ont pas leurs pareils comme jongleurs et charmeurs de serpents ou plutôt de vipères *naadja*. On en trouve encore dans ces localités, ainsi qu'en Egypte. Les vipères, sortant de leur panier, se dressent, puis se balancent aux sons rythmés du derbouka et de la flûte en roseau ; c'est aux mêmes sons qu'elles rentrent dans le cercle de leurs exercices et qu'elles en sortent soudain comme pour s'élancer sur les spectateurs. Ces distractions singulièrement suggestives ont été interdites dans la capitale des Zibans : quant aux simples acrobates et danseurs de sabre, ils y continuent leur métier au Casino, à la grande joie des hiverneurs.

Après avoir traversé à gué l'oued Debbah et l'oued Rabah, affluent de l'oued el Arab, la première rivière que l'on rencontre est l'oued Djeddi (du chevreau), dont le cours se dirige vers l'est, pour aller se perdre dans la cuvette du chott Melghir. Sur la rive droite de l'oued s'élèvent les quelques maisons en pisé de Sidi Mohamed Moussa, dont les dattiers sont plantés dans un endroit marécageux, abritant des champs d'orge et des jardins potagers.

Au nord de Sidi Moussa s'étend la plaine d'Aïn Naga, où les hiverneurs vont d'habitude planter leur tente pour la chasse à la gazelle.

Au nord-ouest, 50 km. avant d'arriver à Biskra, nous trouvons el Haouch (la ferme), dans une région de dunes mouvantes, où les palmiers ne trouvent qu'à grand peine le suc nourricier qui les fait vivre et la consistance du sol nécessaire à leur développement. El Haouch possède une kouba sans importance.

En remontant toujours dans la même direction on arrive bientôt à Taher Rashou (1), qui est une simple maison de commandement située près des tamarins de Saada.

Puis viennent Saada, dont la forêt a été brûlée et, un peu plus en amont, l'oued Biskra, qui se jette dans l'oued Djeddi, à Mlaga.

Chose remarquable mais qui n'étonnera aucun de ceux qui connaissent les mœurs singulières des ouadi sahariens, la rivière de Biskra, dont les eaux disparaissent complètement dans les sables de son lit en sortant de cette ville, va rejaillir, en aval, par des sources abondantes, que

---

(1) Tête nette.

les plus fortes chaleurs de l'été ne parviennent point à tarir.

On n'est plus qu'à une trentaine de kilomètres de Biskra, où l'on peut rentrer par la route de Saada, en longeant la rivière.

CHAPITRE VI

LES OASIS DU SUD. — DE BISKRA A OUARGLA

Jusqu'ici il n'a été question que des oasis de l'est, appelées en arabe *ziban chergui*. Il nous faut à présent dire quelques mots des oasis du sud, *ziban guebli*. Nous en connaissons déjà quelques-unes, telles que Cora et Oumache, qui sont les plus proches de Biskra.

Poursuivons notre route dans cette direction et, laissant S. Merazi, nous trouverons successivement Metlili et Bigou, à 28 kil. de Biskra, où nos officiers ont découvert des ruines romaines, entre autres une pierre brisée qui portait cette inscription : .... GEMELL. REGRESSI...., puis les oasis d'Ourlal et de Ben Thios, très riches aussi en ruines romaines. Dans cette dernière, il faut visiter la mosquée dédiée à Sidi-Abderrhaman Sghir el Akhdar, dont le pittoresque ne le cède qu'à la beauté du cadre.

Sahira, qui est à 42 kil., n'offre rien de remarquable.

A Lioua, un peu plus au sud, on trouve des ouvriers occupés à extraire du salpêtre, très répandu dans ces contrées, par un procédé à la fois ingénieux et simple.

On traverse l'oued Djeddi et l'on rencontre (84 kil.) dans une vallée l'oasis des Ouled Djellal, qui possède des carrières de marbre, déjà exploitées, et un poste militaire avancé dont les détachements commandent aux tribus éparses entre Biskra, Tougourt et Ouargla. Cette oasis ne comprend pas moins de 1400 maisons, chacune entourée de son jardin et possédant un puits qui descend jusqu'à la nappe aquifère.

Anebi Sidi-Khaled, qui tire son nom de son marabout et fondateur, se trouve à 92 kil. de Biskra. Une haine héréditaire la sépare de ses voisins orientaux, les Ouled Djellal.

En s'enfonçant dans le désert on rencontrerait encore l'oasis de Mamoura (110 kil.), complètement isolée et sans importance, et celle de Hassi Zied, non loin de l'oued Retem, qui va se jeter dans la dépression de l'oued Rirh. La piste devient de plus en plus incertaine et à 170 kil. environ de la capitale des Zibans, sur la rive droite de l'oued el Atar, dont les eaux vont se perdre dans les sables, on trouve Dzioua, au delà de laquelle il n'y a plus ni route ni piste connue.

Mais il existe de Biskra, vers le sud, du moins jusqu'à Tougourt, une route carrossable située tout entière dans le Guebli ; elle traverse la région de l'oued Rirh et depuis Tougourt s'infléchit vers le sud-ouest pour gagner Ouargla et, de là, El Golea, notre dernier poste dans l'Extrême-Sud (1). Ce chemin n'était jadis accessible qu'aux caravanes ; plus tard, avec une voiture légère et bien attelée, on est arrivé jusqu'à la capitale de l'oued Rirh ; aujourd'hui un service régulier est établi entre Biskra et Tougourt ; mais de cette ville à Ouargla la piste est impraticable aux voitures, et le mehari devient nécessaire pour faire la traversée des dunes (2).

La région de l'oued Rirh qui confine à l'est au Souf, et à l'ouest au territoire des Beni Mzab, est une immense dépression plate, sablonneuse, couverte de bas-fonds, égayée cependant de fer-

---

(1) Avec les forts Mac-Mahon, Miribel et Mimoun.
(2) Toutefois un réseau télégraphique récemment achevé relie entre elles les villes du sud : Biskra, El Oued, Tougourt, Ouargla, Ghardaïa, El Golea.

tiles oasis qui se multiplient depuis quelques années, grâce aux efforts tentés par l'armée, d'une part, et les sociétés agricoles de l'autre.

Parmi les centres les plus renommés, il faut citer Dendoura, Ourlana, Djema, Sidi-Amram, Sidi-Rached, et surtout Mraïer, Tougourt et Temacine. On a creusé dans ces contrées, autrefois infécondes, de nombreux puits artésiens : aujourd'hui le sol présente une fertilité merveilleuse. Les puits qu'avaient forés les indigènes, au prix de travaux inouïs, étaient cependant trop mal conditionnés pour atteindre le but qu'on se proposait : les uns s'écroulaient, les autres étaient comblés par des tempêtes de sable, un grand nombre tarissaient tout à coup, et il fallait se remettre à l'œuvre.

La tribu des Rouara avait la spécialité de ces sortes de travaux : c'est là que se recrutait et se perpétuait la corporation des plongeurs et des puisatiers (1). Les *retass*, bien qu'ayant le monopole des forages, travaillaient au petit bonheur, sans méthode, ne tenant aucun compte des données hydrographiques, creusant à tort et à travers avec de mauvaises pioches, et faisant enlever

(1) En arabe *r'tass*.

la terre dans des paniers d'alfa, que de maigres bourricots transportaient le moins loin possible. Le moment le plus intéressant de ces forages primitifs était celui où, après avoir atteint la profondeur voulue, on y faisait descendre le plongeur. Celui-ci, s'étant au préalable graissé le corps et bouché les oreilles avec de la graisse de chèvre, et attaché avec des cordes en fibres de palmier, se laissait glisser dans l'ouverture. Opération délicate et non sans danger! Que de fois le pauvre retass, surpris par le jaillissement subit de la source ou l'éboulement des parois, ne fut-il pas retiré asphyxié ou mourant! Malgré les périls auxquels ils s'exposaient, les plongeurs aimaient leur métier, tant à cause des importants bénéfices qu'ils en retiraient, que du prestige qu'il leur donnait auprès de leurs coreligionnaires.

Aujourd'hui les forages artésiens sont faits soit par l'outillage des Compagnies de l'Oued Rirh et Agricole Batna, soit par des militaires qui appartiennent le plus souvent aux bataillons d'Afrique ou aux compagnies de discipline, qui rendent ainsi de véritables services à la colonisation et au pays.

Dans le parcours de 355 kil. qui séparent

Biskra de Ouargla, on rencontre comme oasis méritant d'être mentionnées :

Chegga, à 51 km. 600, dont nous avons déjà parlé, où l'on trouve des vipères *naaja* et des jongleurs qui les exhibent.

Mraïer, centre assez important grâce à ses 80.000 palmiers et aux nombreux puits qui les arrosent.

Parmi ceux-ci, construits en grande partie par les retass, il y en a cinq artésiens et jaillissant au-dessus du sol. Malgré les miasmes paludéens qui se dégagent de ses dépressions, cette oasis ne compte pas moins de 500 maisons habitées par une vieille population d'origine soudanienne.

Il y a un hôtel assez confortable : la bonne qualité de sa cuisine et la propreté de ses quelques chambres engagent l'hiverneur à y passer un jour, tout au moins pour se reposer et reprendre des forces.

Mraïer est à moitié chemin de Tougourt.

Sous le sol sablonneux de cette oasis passent, en fleuves souterrains, les eaux de l'Igharghar, de l'oued Rirh, de l'oued Mia et de l'oued Souf qui, ne rencontrant pas d'obstacle, s'infiltrent naturellement dans les bas-fonds propices de Mraïer.

De là on peut se rendre à El Oughir, petite

oasis dont l'importance a crû depuis le forage des puits artésiens, dû à l'initiative de M. Jus. Un bordj y a été construit, et la kouba de Sidi Makfi, qui attire un grand nombre de pèlerins arabes, a été récemment restaurée : elle est aujourd'hui la propriété de la Compagnie industrielle et agricole de Batna.

Aux environs se trouvent : Tola em Mouadi, centre fondé en 1879 par le capitaine indigène Ben Driss ; Ghria Saya, oasis créée en 1881 par MM. Fau et Foureau ; Sidi Maya et Ayata, où la Société de Batna et du Sud Algérien a foré sept puits artésiens et planté plus de 50.000 dattiers, de 1882 à 1886 ; Kef ed Door, point extrême atteint par le fameux conquérant arabe Okba dans son apostolat sanglant.

Ourlana est la seconde étape du courrier qui fait trois fois par semaine le service entre Biskra et Tougourt.

Cette oasis, située à 149 km. 059 de la capitale des Zibans, possède environ 35.000 palmiers et trois puits artésiens. A l'est d'Ourlana s'élève un bordj de construction moderne. Ben Driss et les Sociétés de l'Oued Rirh et agricole de Batna y entretiennent d'immenses propriétés, dont les légumes et les dattes *deglet-ennour* (dattes lumière), constituent un excellent rapport.

Un peu plus loin se trouve l'oasis de Tamerna Djedida, créée il y a bientôt cent ans par le vénérable cheik Brahim. C'est dans cette localité que fut foré en 1856 le premier puits artésien par l'initiative et les soins du général Devaux.

En avançant toujours vers le sud, on traverse la longue forêt de palmiers de Sidi Rached, petite agglomération qui va se développant de plus en plus.

On arrive enfin à Tougourt, capitale de l'oued Rirh, située à 204 km. 250 de Biskra et à 69 m. à peine au-dessus du niveau de la mer.

C'est la principale et la plus ancienne des oasis de la contrée. Entourée de 180.000 palmiers elle a été appelée, à cause de ses récoltes de dattes, « le ventre du désert. » Vue de l'est, elle offre un aspect imposant : les bastions de la kasbah, ses deux tours carrées graduellement amincies vers le sommet et surplombées d'une galerie, les maisons blanches brillant sur le fond vert des palmeraies, forment un tableau à la fois simple et grandiose. Comme constructions, elle n'est guère différente de ses sœurs du Sahara : toujours les mêmes murs en tôb, toujours les mêmes toits plats, toujours les mêmes rues étroites et tortueuses.

Tougourt, située un peu en aval du confluent souterrain de l'oued Mia et de l'oued Igharghar, est bâtie au pied d'une éminence où l'on voit encore les traces de l'ancienne ville, Tougourt el Khedima, et les ruines d'une mosquée. Sa forme est celle d'un ovale allongé du sud-est au nord-ouest. Un fossé desséché enveloppe les édifices disposés en guise de muraille continue, et un talus les défend contre l'envahissement des dunes que soulève le vent du désert.

Dans l'intérieur de Tougourt el Djeddida, les populations sont divisées par quartiers : les citadins sont groupés dans les constructions modernes; les nègres affranchis, les juifs, les mozabites, les musulmans habitent d'autres parties de la ville, et plusieurs indigènes sont disséminés, en outre, dans les ksours avoisinants tels que Zaouïa el Ahed, Tebesbest, Beni Issoud, Nezla, Sidi bou Djenan.

Avant la conquête, Tougourt n'avait que 300 maisons et de 1400 à 1500 habitants : mais depuis 1854, la ville s'est agrandie et sa population a doublé. Au lieu de masures, on a construit des maisons en blocs de gypse avec galeries et étages supérieurs et le mouvement commercial s'est notablement accru. Dans la vieille cité il y a trois portes principales : Bab el Beled, Bab el Biskra, Bal el Khodra, et une vingtaine de mosquées, dont les deux plus vastes possèdent des nefs soutenues par des colonnes de marbre. Dans la ville moderne se trouvent plusieurs hôtels, des résidences modernes affectées aux services civils et militaires, et des constructions complètement européennes appartenant à des particuliers ou à des sociétés.

La principale industrie de Tougourt est la fabrication des haïks, des tapis et des tissus de laine : elle y a même acquis, avec le commerce très actif des dattes, une haute importance. De nombreux puits artésiens, qui se multiplient chaque année au point de faire redouter l'épuisement des nappes souterraines qui les alimentent dans toute la contrée, fournissent de l'eau en abondance aux jardins plantés de dattiers et aux champs d'orge qui les environnent.

Le capitaine Ben Driss, les Sociétés de Biskra et de Batna, le général Philebert et M. Rolland, ingénieur en chef des mines, ont puissamment contribué au développement de toute cette partie du Sahara.

Dans le voisinage de Tougourt on rencontre la métropole religieuse de Temassin, située à 13 km. au sud, à l'extrémité d'une mare formée par les eaux d'irrigation. Cette oasis comprend 1200 tentes et près de 800 maisons avec 27000 palmiers. Sa zaouïa de Tamelhat, couvent filial de celui d'Aïn Mahdi, de l'ordre des Tidjânia, est la résidence habituelle du chef religieux de l'ordre des Khouan; son autorité dépasse actuellement celle de la maison mère, et l'influence occulte de cette confrérie fanatique se fait sentir chez les Tripolitains, les Touareg et jusqu'au Soudan. Plusieurs officiers, qui ont étudié les questions du Sud-Algérien et l'organisation de ces ordres religieux (1), les ont dénoncés comme un péril permanent et de véritables foyers d'insurrection. Des hommes compétents vont jusqu'à prétendre que les zaouïa du Sahara et de la Tripolitaine sont les instigatrices de tous les massacres de missionnaires et d'explorateurs qui ont ensanglanté ces solitudes. Nous inclinerions à croire, pour notre part, que d'autres mobiles, tels que la cupidité, la haine du roumi et la passion de l'indépendance y ont été pour beaucoup : qu'on se souvienne de l'assassinat de Flatters et de Morès.

Temassin est en dehors de l'aghalik de Tou-

---

(1) Voir *Marabouts et Khouan*, par le C^t Rinn.

gourt : d'un côté son territoire confine à la Tunisie et de l'autre au caïdat des Ouled Sahia.

Le voyage entre Tougourt et Ouargla doit se faire à dos de mulet ou de chameau. Les mehara sont ici d'une utilité incontestable et voilà pourquoi ils sont employés par le service des postes et par l'administration militaire, qui a créé le corps spécial des méharistes.

Sur le chemin de Tougourt à Ouargla il n'y a, après Temassin, qu'une oasis digne d'être mentionnée, celle de N'gouça, dans ce pays où, d'après un manuscrit arabe communiqué à M. Trarry par un descendant des anciens sultans de la contrée, il aurait existé 125 villes au xiiie siècle !

L'oasis de Ngouça est occupée par des Haratin, Berbères à peau noire qui ont souvent combattu pour l'hégémonie avec les habitants d'Ouargla. L'agriculture, la fabrication du carbonate de soude et celle des grands chapeaux qu'on place par dessus chechia et turban, telles sont leurs principales occupations. Une zone artésienne, semblable à celle de l'oued Rirh, occupe le bas-fond de la contrée et on l'utilise par de nombreux sondages : car il faut remplacer les anciens puits qui « meurent » (1).

(1) Un puits tari représente la mort de 1500 à 2000 palmiers.

A distance Ngouça présente un aspect un peu moyen âge. Le ksar a une double enceinte, percée, au nord, d'une porte flanquée de bastions crénelés avec mâchicoulis. Un réduit pompeusement décoré du nom de kasbah sert aujourd'hui de logement au descendant de la dynastie nègre des Ben-Babia. Ce représentant d'une race déchue a accepté de nous les humbles fonctions de cheik, infiniment plus lucratives que celles de souverain *in partibus* que remplissait son père.

Quand on approche de Ngouça, la perspective change et l'on constate que cette ville ressemble à toutes les agglomérations en terre sèche des contrées sahariennes, y compris le fossé de sept à huit mètres de largeur qui défend les abords des murailles.

Autrefois la plaine d'El Hadjira, qui s'étend entre Tougourt et Ouargla, était très populeuse et la ville de Bagdad s'élevait au bord d'un chott maintenant à sec. La cité la plus importante de la contrée était Cedrata, la Pompéï saharienne. On en retrouve encore les maisons, avec leurs sculptures, leurs boiseries, leurs ornements, même leurs puits, sous les dunes qui se déroulent au sud-ouest de Ouargla. Cette ville berbère, abandonnée à l'époque de l'invasion arabe, offre cependant des débris d'une époque antérieure et des objets qui témoignent des communications établies entre les Sahariens et les riverains de l'Océan des Indes (1).

Il faut espérer que la voie ferrée projetée entre Biskra et Ouargla aura pour conséquence la création de centres nombreux et fertilisables dans une région jadis si peuplée et aussi riche en nappes souterraines que celle de l'Oued Rirh.

Ouargla, qui possède 600.000 dattiers, est la plus étendue des oasis. Elle est située à 16 mèt. au-dessus du niveau de la mer dans une dépression formée par l'oued Mia, rivière souterraine, et qui, à la moindre pluie, se convertit en un vaste marécage. De là, des fièvres terribles qui déciment la population. Il est vrai que les Sahariens sont rongés par d'autres maladies héréditaires, telles que ophtalmies, ulcères apparents ou invisibles, que contribuent à perpétuer la rigueur du climat et une malpropreté exceptionnelle.

L'oasis affecte la forme d'une ellipse dont le grand axe a plus de cinq kilomètres de long et le petit plus de trois. Les palmiers y produisent des dattes très renommées sur les marchés du sud.

Rien de monumental dans la ville même, qui

---

(1) Tarry, *Revue d'Ethnographie*, 1883.

s'élève sur un plateau au milieu des dattiers. Les constructions en terre sont entourées d'un mur d'enceinte que précède un fossé fangeux d'où s'échappent des miasmes paludéens. La porte principale et les rues rappellent les noms de quelques officiers qui faisaient partie, en 1872, de la colonne du général de Lacroix.

Le ksar est divisé en quartiers distincts où vivent séparément des habitants d'origine diverse, presque tous noirs et descendants des Berbères croisés avec des Nigritiens. Les Chaamba de leurs tribus sont les chefs des khammès d'Ouargla. Il y a, en outre, des Mozabites et quelques Français qui s'y sont établis depuis la conquête. Les Pères Blancs y possèdent une résidence. Le caïd a ses appartements dans la casbah. Le premier caïd d'Ouargla, en 1871, fut le capitaine Ben Driss dont nous avons déjà loué l'intelligente initiative et qui, en 1874, après avoir battu le fameux Bou Choucha, à Insalah, le prit et débarrassa ainsi la contrée de ce détrousseur de caravanes.

Viennent ensuite plusieurs centres de moindre importance tels que Aïn Taïba, au sud-est, Rouissat et Tamesguida au sud, et enfin El Golea, au sud-ouest. Ce ksar, qui est à plus de 900 kilomètres de la Méditerranée, est notre poste important le plus avancé. Il fut visité en 1859 par H. Duveyrier et soumis à notre gouvernement par une colonne française qui y pénétra en 1873.

De là on voit serpenter au sud le lit desséché de l'oued Segguer, que suivent les caravanes allant au Touat et à Tombouctou.

Mais il n'entre pas dans notre cadre de pousser si loin notre incursion, et il nous faut revenir aux oasis de l'ouest, les seules dont il nous reste à parler.

CHAPITRE VII

LES ZIBANS DAHRAOUI

En prenant à Biskra la route qui longe d'abord l'ancien Hôtel du Sahara et plus loin le domaine de Ben Gana, on peut aller en voiture jusqu'aux oasis les plus importantes du sud-ouest.

On passe à travers les dunes, au pied de la Montagne de Sable, où l'on trouve des roches de superbe porphyre. Franchir des ouadi presque desséchés, voir courir dans les sables un lièvre surpris au milieu d'une touffe de tamarins ou de salsolacées, écouter le chant monotone du chamelier ou du chevrier qui, avec sa matraque en guise de sceptre, paraît le véritable roi de ces solitudes, graver par une photographie prise au vol un coin plus remarquable, un groupe d'enfants, une caravane qui passe, des lavandières effarouchées, et perdre son regard vers l'horizon sans fin, telles sont les occupations de l'excursionniste entre deux étapes dans le désert.

Dans les oasis que nous allons parcourir avaient pénétré aussi les légions romaines qui y ont laissé de nombreux vestiges de leur occupation. Les poteries et les silex taillés qu'on trouve aux abords des ksours rappellent également le séjour de peuples primitifs, les prédécesseurs des Romains.

Bou Chagroun est la première oasis que l'on rencontre dans cette direction. Située à 31 kilomètres de Biskra, dans une région de dunes, au pied d'une colline de sable, elle a une mosquée très curieuse avec un minaret en obélisque ; cet édifice est dédié à Sidi Aïssa ben Ahmour.

L'oasis de Lichana, située à 35 kilomètres, renferme une quantité considérable de ruines romaines.

C'est une des plus fameuses productrices de la datte lumière, *deglett-en-nour*, la plus succulente de toutes, et que l'on exporte un peu partout, en France et à l'étranger. De plus, les gens de Lichana excellent dans la fabrication des tapis de laine et leurs produits sont très recherchés.

Un kilomètre plus loin, Zaatcha, célèbre par son insurrection et les combats meurtriers qui s'y livrèrent en 1849. Le cimetière de Biskra est l'histoire la plus éloquente de ce siège où tant d'officiers et de soldats furent frappés à mort. L'oasis de Zaatcha, qui possédait autrefois 10.000 palmiers, fut rasée à la suite de sa révolte.

Un ancien porteur d'eau à Alger, du nom de Bou Zian, après s'y être enrichi, retourna dans son oasis natale dont il devint bientôt le cheik. Longtemps les villageois avaient été nos alliés, et avaient repoussé les envoyés d'Abd el Kader. L'impôt sur les palmiers ayant été augmenté par décret, Bou Zian excita ses administrés à la révolte. La ville supporta héroïquement un siège de 52 jours auquel prirent part plus de 7000 soldats français et fut prise enfin par Canrobert, de Barral, tué l'année suivante en Kabylie, et de Lourmel, qui tomba devant Sébastopol. Le chef des révoltés, Bou Zian, fut passé par les armes, le ksar de Zaatcha démoli, tous ses palmiers furent arrachés et ses terrains confisqués par l'Etat qui en reste encore le propriétaire.

Des sociétés agricoles et des colons locataires ont, depuis lors, reconstruit le village et replanté les dattiers. On peut voir encore le plateau qui fut le théâtre des plus sanglantes batailles.

L'oasis de Farfar n'a rien de remarquable.

Le bourg de Tolga, qui est la capitale de cet archipel d'oasis (40 kil. de Biskra) a une population de 1700 habitants, dont quelques Français.
Il est construit au sein d'une forêt de palmiers aux stipes enguirlandés de vignes, où roucoulent des milliers de tourterelles. Tolga possède une quinzaine de mosquées dont la principale, en pierre, a probablement été construite avec des ruines romaines qu'on y trouve en grande quantité. Elle possède un château romain, dont les indigènes ont remplacé la voûte par une couche de terre. Le camp et les six tours qu'on y montre encore prouvent que Rome y avait fondé une colonie importante.
Sa zaouïa est aussi célèbre que celle de Sidi Okba : elle attire à son école de droit musulman de nombreux étudiants indigènes et son influence politique, exercée d'ailleurs au profit des idées françaises, s'étend jusqu'à la Tunisie. Le pouvoir des djemâa, qui s'y assemblent comme dans les communes berbères, est étouffé entre

l'autorité de la zaouïa et celle du gouvernement.

La France a été bien inspirée de marcher sur les traces de Rome et d'établir à Tolga des écoles mixtes : c'est là un centre de grand avenir.

On ne s'arrête pas à El Bordj et l'on va jusqu'à Foughala (46 kil.) à l'ouest de Tolga.

La Société de Biskra y a foré plusieurs puits artésiens d'un débit abondant. Elle est représentée par un agent chargé de surveiller ses propriétés, déjà très prospères.

El Amri, à 49 kilomètres sud-ouest de Biskra, fut, en mai 1876, le foyer d'une insurrection qui fut facilement réprimée.
Mohamed ben Yahia, cheik révoqué, improvisa chérif un pauvre diable de marabout nommé Mohamed ben Aïech, espérant compromettre ainsi la puissante famille des Ben Gana, dont le chef est depuis de longues années caïd des Zibans. Le général Carteret étouffa rapidement cette révolte. Il n'avait reçu pour toute instruction que ces mots : *Pas de Zaatcha*. Aussi employa-t-il le bombardement plutôt que l'attaque de vive force, si meurtrière dans les jardins de palmiers. Comme le chérif s'amusait un matin à tracer des raies sur le sable et que, le simoun

ayant soufflé, le bâton du fou soulevait ainsi des tourbillons de poussière, ceux qui commandaient les insurgés eurent une inspiration soudaine : les femmes et les enfants furent chargés d'entretenir, à l'aide de bâtons, des nuages de sable, à la faveur desquels les combattants se précipitèrent sur nos troupes, espérant les surprendre. Mais nos soldats, qui se tenaient sur leurs gardes, repoussèrent les assaillants jusqu'à l'entrée du bourg et les forcèrent à se soumettre.

Toutes ces oasis, qui seront un jour très prospères, grâce aux forages artésiens dont le nombre se multiplie, sont reliées par une route carrossable qui, partant de Bou Saada, va se bifurquer avec la route d'El Outaya, au nord-ouest de Zaatcha, et se prolonge ensuite vers le sud, touchant à Doussen, aux Ouled Djellal, à Anebi Sidi Khaled, Mamoura, Hassi Zied et Dzioua. De Mamoura sort un embranchement qui conduit à Bordj el Baadj et Oumel Thiour, situées entre Chegga et Mraïer.

Il existe, en outre, plusieurs centres habités entre la route de Tougourt et celle des Zibans, qui ne sont accessibles qu'à mulet ou à chameau ; ne nommons ici que les oasis de Sidi Merazi et de Sahira.

La région des Zibans confine, au sud, au pays des Touareg et, au sud-ouest, à celui des Chaamba qui, sous le nom de Berezga, Bou Rouba et El Mouadi, parcourent tous les territoires situés entre Ghardaïa, El Goléa, Aïn Taïba et Ouargla.

Entre Ghardaïa, Temassin et Ngouça errent les tribus nomades des Harazlia, des Ouled Naïl, des Larbaa, des Saïd Otba et des Mekhadma.

CHAPITRE VIII

LE SOUF — LES DUNES — LES VENTS

A l'est de l'Oued Righ, s'étend, jusqu'à la frontière tunisienne, un pays aride et couvert de dunes mouvantes, qu'on appelle le Soûf et qui a pour capitale El Oued.
Ce groupe d'oasis est le plus isolé de tous ceux du Sahara algérien. Situé sur la route du Djerid, à 100 kilomètres de Tougourt, il est environné par les sables et ne possède aucun puits jaillissant. Les musulmans prétendent que les chrétiens, en fuyant ce pays dont ils étaient jadis les maîtres, ont magiquement fait disparaître le fleuve. Malgré ce maléfice, les dix oasis du Soûf renferment encore 180.000 dattiers, qui donnent d'excellents produits sans irrigations méthodiques. Cela tient à ce que les palmiers sont plantés dans les entre-deux des dunes, quelquefois

à 12 mètres de profondeur, pour atteindre une couche du sous-sol suffisamment humide. La nappe souterraine se déplace-t-elle, il faut déchausser l'arbre et creuser à côté pour le garder vivant. Des talus consolidés par des palissades protègent les palmiers contre l'envahissement des sables.

Les jardins de palmiers ne sont pas toujours la propriété des industrieux Adouan qui les cultivent ; souvent ils appartienent à des nomades guerriers, à des pasteurs arabes qui, sous le nom de Troud, campent dans le voisinage, laissant le soin des dattiers à leurs fermiers et prélevant le meilleur de la récolte.

Aussi les gens du Soûf, que le produit du sol ne suffit pas à nourrir, émigrent-ils en Tunisie où ils travaillent comme portefaix et terrassiers.

Leurs femmes tissent les haouli, qu'elles teignent à la garance ou à l'indigo, et qui se vendent fort cher à Ghadamès. D'après Largeau et Bonnemain la production de ces vêtements s'élèverait à plus de 70.000 par an, d'une valeur moyenne de 25 francs.

El Oued, chef-lieu du Soûf, est une oasis dont les mille maisons en pierres de chaux, hautes de 2 mètres et n'ayant qu'une ouverture sans vantail, abritent près de 8000 habitants. C'est le point de départ des caravanes qui, par Bir es Soûf, se rendent à Ghadamès.

Le ksar est le siège d'une confrérie religieuse qui entretient des relations avec les khouan des Zaouïa sahariennes.

On a trouvé dans le Soûf des débris de coquillages modernes essentiellement marins : des savants pensent qu'ils proviennent de terrains remaniés.

20.000 autres habitants se répartissent entre les ksours de la contrée dont les plus importants sont, en allant de Tougourt à El Oued : Teibet el Gueblia, oued Alenda, Kouinin, dont les gens sont presque tous aveugles, Tarzouck, Guemar, centre assez considérable, Sidi Aoun et Bordj Kima.

Au sud, sur la route de Ghadamès, on trouve l'oasis d'Oum es Sour et la Zaouïa de Sidi Abd el Kader.

La capitale du Soûf communique avec la Tunisie par Guettariat ed Douz, dans le Djerid. « Sans nul doute, dit E. Reclus, cette vallée prendra une importance agricole et commerciale très grande, mais de nos jours elle n'est que faiblement habitée. »

Le Sahara, on le sait, possède de grandes dunes ; le Sud Constantinois en est particulièrement couvert : elles atteignent parfois des hauteurs de collines et s'étendent à perte de vue. Poussées et agglomérées par le vent du désert, elles se déplacent avec une facilité qui ne paraît pas croyable, constituant un réel danger pour le voyageur.

Là même où elles sévissent il ne faut certainement pas songer à tracer des routes ou des voies ferrées : elles seraient bientôt englouties dans le sable. Depuis 1882, époque de l'annexion du Mzab, des travaux importants ont été entrepris par l'armée dans le but de relier entre elles les oasis du Sud ; je suis convaincu que celles de ces chaussées qui se trouvent exposées à l'incursion des dunes seront tôt ou tard envahies ; comme les puits indigènes, elles « mourront ». De là pourtant à prétendre qu'un transsaharien est une utopie il y a bien loin : cette voie projetée peut, en effet, éviter les régions de sables mobiles et s'assurer ainsi une praticabilité durable et complète.

C'est le vend du sud-est surtout qui fait marcher les dunes. D'observations recueillies régulièrement par F. Foureau, au cours de huit voyages consécutifs accomplis dans le Sahara, de 1883 à 1896, il résulte que les vents les plus fréquents sont ceux du nord-ouest et du sud-est.

Chaque soir, presque en même temps que le soleil, le vent *se couche*, suivant l'expression pittoresque des Chaamba ; un seul fait assez souvent exception, c'est le nord-est, que les Arabes nomment *el djitân*, le diable, parce qu'il persiste pendant la nuit.

Quant au vent du sud-est, que tous les voyageurs ont signalé, on l'appelle le *chihili* ou le *simoun*. Il est chaud, chargé d'électricité et, quand il souffle du sud, il affole les boussoles. Sa violence est telle que l'atmosphère s'embrume, l'ombre des objets s'efface, le vert des arbres paraît d'un bleu sale, les oiseaux sont inquiets, les animaux effrayés. Pendant l'été, la chaleur devient suffocante, le thermomètre atteignant parfois jusqu'à 52°.

Le sable fin du désert se soulève comme les vagues de l'Océan et s'amoncelle au hasard, comblant des dépressions et abaissant des collines. L'homme surpris par la tempête de sable en plein désert est obligé de se jeter à terre et de se voiler la face pour n'être pas suffoqué. Les chevaux s'encapuchonnent, cherchant à respirer plus à l'aise : ils vont d'une allure incertaine, soufflant, éternuant, afin d'expulser les grains de sable qui pénètrent dans leurs narines. Les chameaux seuls supportent à peu près le simoun ; leur marche, sans doute, en est ralentie, mais ils avancent cependant, sans avoir l'air de trop souffrir, poussant de temps en temps leur cri guttural si lamentable. Le chihili souffle souvent des heures entières et quelquefois même plusieurs jours de suite. Ceux des habitants de Biskra qui y passent l'été ne le savent que trop.

C'est ce vent même que, dans le nord de l'Afrique et dans la France méridionale, nous avons appelé *siroco*.

TROISIÈME PARTIE

ETHNOGRAPHIE

CHAPITRE PREMIER

LA POPULATION DE BISKRA ET DES ZIBANS

Les habitants de Biskraville sont Français en grande partie. Il s'y trouve cependant quelques Italiens, des Espagnols, des Maltais et des Mzabites.

Le village nègre est peuplé de plus d'Arabes que de gens de couleur. Les noirs qu'on y rencontre sont venus du Soudan et ont fait souche, mais ils sont peu nombreux.

Plusieurs familles juives se sont établies également à Biskra, j'entends dans la ville moderne, car elles se seraient bien gardées de transporter leurs pénates dans les vieux ksours, exclusivement habités par des indigènes d'origine turque, arabe ou berbère.

I. — *Les Juifs*

Il n'y a, sans doute, que fort peu d'Israélites dans l'oasis, mais il en existe assez dans toute l'Algérie et l'Afrique du Nord pour que nous disions un mot de cette race, de son immigration, et de ses mœurs.

D'après les derniers recensements, l'Algérie renferme environ 50.000 Juifs. Le peuple d'Israël s'y adonne au commerce, au brocantage et à la spéculation.

Les Juifs paraissent s'être réfugiés en Afrique après la ruine de la Judée sous Vespasien. Ceux d'Alger expliquent de la façon suivante leur présence dans notre colonie : « Quand les Musulmans possédaient l'Espagne, disent-ils, ils nous avaient permis d'habiter parmi eux, de nous livrer au commerce et d'exercer librement notre religion. Lorsque les chrétiens eurent reconquis ce beau pays, ils nous laissèrent tranquilles pendant quelque temps ; mais, envieux des richesses que nous avions amassées, ils ne tardèrent pas à nous persécuter. En 1390, le grand rabbin de Séville, Simon ben Smia, fut enchaîné et emprisonné avec soixante des principales notabilités juives. Ce fut le signal de cruautés nouvelles. On condamna à mort le rabbin et ses compagnons; mais le ciel les délivra miraculeusement.

Tous ceux qui étaient avec Simon, voyant s'approcher le moment fatal, étaient accablés de douleur et se livraient au désespoir. Mais le saint rabbin restait calme, résigné et courageux. Soudain son visage resplendit, ses yeux s'illuminèrent et, prenant d'un air inspiré un charbon, il dessina un navire sur la muraille : « Que tous ceux qui croient en la puissance de Dieu, s'écriat-il, et qui veulent sortir d'ici mettent avec moi le doigt sur ce vaisseau! » Tous le firent et aussitôt le bateau dessiné se transforma en un véritable navire qui se mit en mouvement et traversa les rues de Séville au grand étonnement de ses habitants. Ayant pris la mer, il fut conduit par un vent providentiel dans la belle rade d'Alger, alors occupée par des Mahométans.

Les Juifs, ayant raconté aux Algériens le merveilleux récit de leur délivrance, obtinrent la permission de s'établir dans leur capitale. On leur accorda tous les privilèges dont ils avaient joui en Espagne sous les Maures; ils obtinrent même le droit de fabriquer du vin et des liqueurs, et les conditions du traité furent écrites sur un parchemin que les rabbins d'Alger possèdent encore dans leurs archives.

Mais quand les Turcs s'emparèrent de cette ville, leur tyrannie s'appesantit particulièrement sur les Juifs. Israël devint encore esclave et ses chaînes ne furent brisées que par l'épée des Français lors de la conquête. »

Telle est la légende.

Les mœurs et coutumes des Juifs algériens sont presque les mêmes qu'au moyen âge.

Le costume national des hommes du peuple qui le portent encore est trop connu pour que nous en fassions une description nouvelle.

Le costume féminin est un mélange hétéroclite des modes anciennes du nord de l'Europe et de celles de l'Orient. Le *yémêni* qui serre le front et barre hermétiquement le passage aux cheveux est la coiffure de rigueur pour les femmes mariées. Les Juives ne se tatouent pas le visage : les Livres Saints leur interdisent ce genre d'ornements ; elles sont, en général, remarquables par la blancheur de leur teint. Comme elles ne quittent leur maison que pour aller au cimetière visiter leurs morts, elles ne cherchent guère à briller. L'élégance de leur costume s'en ressent : la plupart du temps il est fait de tissus assez grossiers et il n'a pas la coupe gracieuse de celui des Moresques, bien qu'il leur soit emprunté en grande partie. Le corsage n'est pas taillé pour soutenir la poitrine, ce qui les déforme entièrement et leur fait de bonne heure le plus grand tort. Leurs longues jupes ne laissent voir que le bas de la jambe nue et le pied, chaussé d'une pantoufle sans quartier, ne recouvrant que les doigts.

Lorsqu'elles sortent, enveloppées depuis le haut du bonnet jusqu'aux talons, elles ne se cachent que la moitié du visage, se conformant ainsi à un usage antérieur à l'islamisme, car il proviendrait des anciens peuples idolâtres de l'Asie et de l'Afrique.

Toutefois les Juives de Tunis ont une coiffure bizarre rappelant l'antique coiffure égyptienne et un costume particulier qui se maintiendra longtemps encore.

Actuellement quelques Juives du Sud seules — et elles deviennent de plus en plus rares — continuent à sortir le visage voilé.

Quant à celles du littoral et des grandes villes, elles ont abandonné cette coutume, et beaucoup d'entre elles, depuis surtout que leurs maris sont citoyens français et à leur exemple, s'habillent à la française.

II. — *Les Berbères*

La population indigène de Biskra et celle des douars environnants, particulièrement les nomades qui vivent sous la tente et les Touareg du Sahara septentrional, sont d'origine berbère.

On sait que sous la dénomination de Maures on distingue trois peuples différents : 1° les habitants de l'ancienne Mauritanie, ou Maures proprement dits, ancêtres présumés des Amarzighs qui peuplent aujourd'hui le Maroc ; 2° les Arabo-Maures, qui occupèrent l'Espagne du VIIIe au XVIe siècle ; 3° les Berbères actuels, qui paraissent issus d'un mélange de Maures avec les Arabes.

Disons quelques mots des Berbères, la race autochtone et primitive.

Fille de la terre africaine, en ce sens du moins que les plus vieilles traditions, les monuments les plus anciens nous la montrent dans les mêmes lieux et qu'on ne lui connaît pas d'origine étrangère, la race berbère, autrefois compacte et souveraine, aujourd'hui éparse et déshéritée, occupait primitivement toute cette zone du continent qui se développe en un arc immense, depuis la mer des Indes et la mer Rouge, jusqu'aux colonnes d'Hercule et à l'Atlantique.

Selon les contrées que les Berbères occupèrent dans cette vaste étendue, ils reçurent des Egyptiens et des Phéniciens et, après eux, des Grecs et des Romains, les diverses appellations de Lybiens, Numides et Maures. Ils formèrent la population primordiale des immenses territoires que le Nil arrose, de même qu'ils s'établirent dans les vallées fertiles que domine l'Atlas.

Mais, excepté en Egypte, elle ne se constitue nulle part en corps politique.

Comme les peuples nomades de la Haute-Asie, la race berbère reste toujours enchaînée à la vie pastorale. Aussi voit-on, d'époque en époque, ses éléments, plutôt juxtaposés que cimentés par des rapports intimes, se désagréger, se déplacer, se perdre souvent et disparaître sous la poussée d'invasions étrangères. Ce sont d'abord les Carthaginois ; après, les Romains ; ensuite les Grecs de Byzance ; puis les Vandales, les Arabes et les Turcs Ottomans, dont la domination tyrannique a fait place au gouvernement si libéral de la France.

De ces dominations antérieures à 1830, une seule, la domination arabe, a laissé dans ce pays, à côté des aborigènes, un deuxième élément de population dans des proportions considérables.

C'est vers le milieu du xie siècle, 400 ans après la première apparition des musulmans dans l'Afrique romaine et leur prise de possession, qu'un nouveau flot de tribus arabes déborda sur le Maghreb, extermina ou refoula une grande partie des Berbères du littoral ou des hauts plateaux, s'empara des plaines les plus fertiles et y forma la souche des 3.500.000 Arabes qu'on y voit aujourd'hui.

De cette époque date la dispersion des Berbères entre les Syrtes et l'Atlantique. C'est dans ce vaste espace que sont disséminés les débris de ce qui fut la nation berbère. On peut dire qu'elle y forme trois groupes principaux : les Berbères du Maroc ou *Chellouch*, ceux de l'Atlas algérien ou *Kabyles* et *Chaouïa*, et ceux du désert ou *Touareg*.

Ils sont généralement pasteurs, laboureurs (fellah), et dans le désert, chasseurs et pirates. Ils aiment la vie errante, la tente, la montagne et le désert.

Il est facile de les distinguer des Maures des villes qui ont généralement la peau très blanche, le visage plein, le nez moins anguleux, les cheveux plus fins et dont le sang est très mêlé à celui des races latines.

Sous la domination romaine, une grande partie de Berbères ont été chrétiens, et dans leurs usages comme dans les croix tatouées sur leur front on retrouve de nos jours les traces de la foi ancestrale. S'ils sont déshérités et bannis, c'est qu'ils ont voulu conserver la religion et la liberté.

Hélas! ils ont perdu l'une et l'autre!

III. — *Les Mozabites*

Il y a des Mozabites à Biskra, comme il y en a dans toutes les villes d'Algérie et de Tunisie, où ils se livrent au commerce.

Poursuivis par les musulmans qui les considèrent comme hérétiques, les Mozabites ont dû souvent changer de place. Aujourd'hui ils occupent les Zibans, l'oued Rirh, le Souf, et l'oued Mia.

La plupart d'entre eux sont d'origine berbère : ils ont une petite taille, les membres trapus, la face large, les lèvres épaisses, l'œil enfoncé, le front haut.

Economes et âpres au gain, ils détiennent

tout le petit commerce dans les villes où ils émigrent.

Tous savent lire et écrire ; la plupart savent le français, l'arabe et le berbère.

Après avoir amassé une petite fortune, ils rentrent dans leurs oasis du Mzab où ils se font purifier par les tolba de la souillure contractée par leur séjour sur une terre étrangère.

Leurs tolba, à la fois juges, prêtres, gardiens des mœurs, armés du droit d'absolution, de purification, d'excommunication, constituent un clergé véritable dans lequel on retrouve, dit M. Masqueray, la hiérarchie de l'Eglise catholique : c'est probablement un reste de la religion professée par les Berbères avant leur conversion ; par dessous le fond chrétien on retrouverait même un reste du culte de Thanit « la mère des pluies » (1).

Par leur langue ils se rattachent aux Kabyles et aux Touareg, c'est-à-dire aux représentants de la race autochtone et aborigène ; par leurs dogmes et leurs rites, où l'on retrouve une certaine place pour le libre arbitre, ils se rapprochent des Wahabites de l'Arabie : dans son ensemble, le fond de leurs doctrines trahit une

---

(1) E. Masqueray, *Correspondance africaine*, 1882.

évolution religieuse antérieure à celle des autres sectes musulmanes.

Autrefois, chaque oasis du Mzab était une petite république indépendante, administrée par un conseil ou djemaâ dont faisaient partie les principaux notables de la ville. Les seuls châtiments infligés dans les cas graves étaient l'amende et le bannissement. Les homicides étaient remis au plus proche parent de la victime qui statuait sur leur sort.

Les Mozabites sont maîtres absolus dans leur famille. L'émigration est interdite aux femmes, qui vivent ainsi longtemps séparées de leurs maris quand ceux-ci ne restent pas dans le pays pour travailler les jardins, bêcher le sol et construire les barrages, pendant qu'elles tissent des étoffes.

En 1882, les Mozabites possédaient près de 200.000 palmiers pour 30.200 habitants : chacun a son petit enclos où il revient mourir.

L'heptapole mozabite se compose de : Gardaïa, qui est la capitale du pays ; Melika ou la « royale » autrefois la ville sainte des Mozabites ; Beni-Isguen, qui est la plus populeuse après Gardaïa et aussi la plus importante ; El-Attef la plus ancienne ; Bou Noura, qui n'a que 2.000 dattiers ; et enfin Berrian et Guerara, qui sont situées en dehors du bassin de l'oued Mzab, la première sur la route de Laghouat à Gardaïa, dans une vallée qu'arrose l'oued Nsa, et la deuxième au nord-est de Gardaïa, sur un tributaire de la même rivière.

Il y a aussi des Mozabites à Metlili et à Ouargla ; mais ces deux centres ne font pas partie de la région des Beni-Mzab.

CHAPITRE II

LES NOMADES

I. — *La vie sous la tente.*

Les habitants de ces contrées, et principalement les nomades et les chameliers, sont en général bruns. On en trouve cependant qui ont les cheveux blonds et les yeux bleus. Les femmes ne se voilent pas.

Murray nous représente les Berbères des tentes et des gourbis comme bons, hospitaliers et de mœurs très pures ; telle est, en effet, l'impression de tous les voyageurs.

Cependant — il faut tout dire — le nombre des meurtres et des assassinats qui se sont commis dans la région des Touareg et, sans aller si loin, aux environs mêmes d'El Kantara, est de nature à tempérer la bienveillance de pareils jugements. La vengeance est une vertu aux yeux des musulmans et l'usage de la flissa est assez fréquent (1).

Avant d'étudier les mœurs des nomades il est bon de décrire leur changeante demeure, la tente.

La tente s'installe sur un poteau central ayant environ 2 m. 50 de haut. Deux perches de 2 m. soutiennent l'édifice. Les extrémités de la tente sont fixées au sol par des cordes de laine raidies sur des piquets plantés en terre. La couverture de la tente est un assemblage de bandes tissées de laine et de poil de chameau, cousues au préalable. Chaque bande a 0 m. 75 sur 8 m., un dessin uniforme, les lignes brunes alternant avec des blanches de diverses largeurs, et des dimensions qui ne varient jamais.

Toutes les tentes se ressemblent, elles ne se distinguent que par le nombre de bandes (feldja) et leur état de conservation. Dans les régions où abondent la gomme laque et le kermès, les *felidjs* sont teintes en rouge, mais sans altération du dessin primitif.

Quelques tribus se rattachant à la noblesse religieuse font flotter au sommet du poteau central un bouquet de plumes d'autruche.

(1) Voir les ouvrages du général Daumas.

L'intérieur de la tente ne renferme pas de mobilier proprement dit. On place au pied du pilier principal deux ou quatre sacs ou *tellès* qui contiennent les provisions d'orge, de blé, de dattes nécessaires à la famille pour huit ou quinze jours. C'est là que sont habituellement ménagées, dissimulées par les tellès, les cachettes où les femmes déposent leurs petits trésors : une peau de bouc contenant des boucles d'oreilles dépareillées, des colliers, des grains de corail, des bijoux de diverses sortes.

Dans les familles aisées, les objets précieux sont renfermés dans un écrin spécial, l'*ougada*, oreiller en laine, ouvert par le milieu, que le maître de la tente pose sous sa tête pendant la nuit pour le garder plus sûrement.

Un peu partout sont répandus les ustensiles de cuisine et les outres en peau de bouc où se conserve l'eau nécessaire au ménage : le poil se trouve à l'extérieur et elles sont goudronnées à l'intérieur ou grossièrement tannées ; on les appelle *megoud*. On s'en sert aussi pour conserver le grain, le sel, le poivre, le *felfell* (sorte de piment), la viande, la graisse de mouton desséchée, etc.

Puis vient la catégorie des objets en bois, en terre ou en sparterie : le *keskes*, immense plat dont on fait usage pour préparer le couscous ; le *tebeg* pour le servir ou pour offrir des dattes ; la *guemina*, sorte de tasse pour traire les chèvres ; l'entonnoir à remplir les outres ; le *sindouck* ou amphore aux dimensions variées ; la *guessâa*, simple plateau de bois ; le petit moulin à bras pour moudre le grain, etc.

Le foyer, généralement placé du côté de la campagne, se compose simplement de deux grosses pierres juxtaposées, sur lesquelles on place une large ardoise pour cuire la galette, ou la marmite pour d'autres mets nationaux.

Si la tente appartient à un riche propriétaire, elle possède un tapis de laine du désert, quelquefois deux, mais c'est l'exception. La plupart des nomades dorment sur l'*asseïra*, natte d'alfa ou de diss.

Chaque tente, enfin, est pourvue d'un assortiment complet de cordes en laine ou en poil de chameau, de liens en diss et en alfa qui servent à attacher les chevaux au campement ou à maintenir, durant les migrations, les charges des chameaux et des mulets.

A l'exception des montants et des piquets, aucun des accessoires de la tente ne doit, suivant un passage du Coran, être en bois ou en fer ; il faut les fabriquer avec des fibres végétales susceptibles de se tresser en cordes, dont on fait ensuite des nattes, des coussins, des corbeilles, des sandales, sans que la matière première ait à subir aucune préparation préalable.

De même que le chef de la tente doit être toujours prêt à monter à cheval et à combattre, de même tout, dans sa maison de toile, doit pouvoir facilement et promptement se plier, s'enlever et se répartir sur les bêtes de somme. Tous les indigènes qui vivent de la vie nomade sont d'ailleurs habitués dès l'enfance à ces sortes de manœuvres, ainsi qu'à divers travaux dont l'utilité est manifeste.

Non seulement, en effet, ils savent tous tisser et tresser le diss et l'alfa ; mais il n'en est pas un seul parmi eux qui ne soit en état, si un objet usuel vient à manquer, de le remplacer à l'instant. La vie sous la tente exige que tout ce qu'on y fabrique à la main soit susceptible d'être confectionné par chaque nomade, très rapidement et en tous lieux.

Le soir venu, on clôt la tente en rabattant la feldja de l'entrée. D'un côté dorment les vieilles femmes et les petits enfants, de l'autre les époux.

Dans les montagnes et les régions froides, on a soin d'entourer la tente et les troupeaux de clôtures de branchages ; c'est ainsi que non seulement on se préserve de l'intempérie de l'air, mais encore qu'on se prémunit contre les attaques des voleurs et des fauves.

Un douar est la réunion d'un certain nombre de tentes généralement habitées par les membres d'une même famille. Par suite de la polygamie, de la parenté de lait et de la légitimation des enfants nés de servantes, la famille prend, en effet, chez ces peuplades, des proportions considérables, comme au temps des patriarches. Les tentes du douar sont le plus souvent placées en rond, l'entrée tournée vers le centre du cercle.

A n'en pas douter, il y a un charme indéfinissable dans l'existence du nomade. Sa maison est partout et elle n'est nulle part. Le soleil est son foyer, la lune son flambeau, l'infini son domaine. Insouciant du lendemain, oublieux de la veille, il va toujours devant lui, dans le désert, se contentant d'un rayon, d'une source, d'un coin de verdure.

L'étude de ses mœurs, de son caractère, de ses multiples pérégrinations serait certainement captivante. Mais tout ce que nous savons de la vie sous la tente, c'est qu'elle varie selon les occupations de chaque nomade. Le pasteur, par exemple, change très souvent de campement, au gré de ses caprices ou suivant les besoins de son troupeau. Le laboureur, au contraire, est forcément retenu au champ qu'il a cultivé et semé, du moins jusqu'au temps de la moisson, de sorte que son douar n'a pas la mobilité de l'autre et qu'il prend facilement l'aspect et les habitudes d'un village fixe. En Algérie, le nomade c'est l'Arabe saharien, le laboureur c'est le paysan tellien. Au printemps et en été, quand le soleil a brûlé les quelques herbes de son immense royaume, le Saharien remonte vers le nord et conduit ses troupeaux dans les campagnes verdoyantes du Tell.

Les femmes nomades jouissent d'une plus grande somme de libertés que leurs sœurs mauresques des cités. Rarement voilées, elles sont traitées avec plus d'affection et de respect par leur mari et par leurs enfants. Ceux qui ont eu l'occasion de vivre quelques jours sous la tente ont dû y trouver des femmes simples, bonnes, laborieuses, hospitalières, et fières de partager avec leur maître les soins de l'hôte que Dieu leur envoie, de ses montures et de son escorte.

Les femmes *chaouïa*, en particulier, ainsi que le témoignent les Pères blancs et les Sœurs lanches qui se sont établis dans l'Aurès, au milieu de leurs tribus, se montrent plus empressées encore que les hommes auprès des étrangers, à qui elles rendent les devoirs de l'hospitalité.

La femme s'occupe toujours des soins domestiques. Non seulement elle trait les troupeaux, fait le beurre, moud le grain, pile les ingrédients, cuit la galette, va chercher l'eau et le bois du ménage, mais elle est encore la servante de son hôte et de son maître : aussi la voit-on seller et desseller les chevaux, les soigner, les entretenir et les mener à l'abreuvoir. Elle assiste les bergers et les chameliers des caravanes ; elle file la laine des brebis ; elle tresse des nattes ; elle tisse avec du poil de chameau la toile dont on fait le toit des tentes et la couverture des chevaux ; elle répare et aménage les outres en peau de chèvre, les pots de terre et les amphores. A elle incombe également le soin de dresser et de défaire la tente, de la plier et de la mettre en paquets ; et tandis que dans les migrations, elle va à pied pour guider les bêtes et la caravane, on voit souvent son maître voyager confortablement à dos de mulet ou d'âne, à cheval ou à chameau.

La femme arabe des villes et des harems peut exciter la pitié par la corruption de ses mœurs et l'abjection de sa vie : mais la femme nomade, la fille de la race autochtone qui vit ordinairement sous la tente ou dans les champs, doit servir d'exemple à celles qui ne trouvent rien de plus déshonorant que d'avoir des mains sales ou calleuses.

S'il y a une vertu dans le soleil, au dire d'un grand poète contemporain, il y a une vertu plus grande encore dans la vie champêtre, dans le contact journalier de l'homme avec la terre, cette nourrice éternelle, et la nature presque vierge, cette image et ce reflet du Créateur!

II. — *Le couscous.*

Le couscous ou, plus vulgairement, le couscousou, est un plat de viande et de farine roulées en boulettes, dont les Arabes font leur nourriture habituelle et qui, avec le *msovar* (mouton rôti), compose généralement la *diffa*.

« Dès que la récolte de blé est rentrée dans les silos, écrit M. Hardy, les femmes arabes réunissent dans un lieu commode, bien aéré et exposé au soleil, la quantité de blé destiné à cette préparation, ce qui a lieu ordinairement à la fin d'août. On mouille bien ce blé, on le ramasse en un tas en plein soleil et on le recouvre encore de pièces d'étoffe mouillées, dans le but de le faire fermenter et renfler plus vite. Lorsque le grain est suffisamment gonflé, sans attendre que la germination commence, on l'étend en couche bien mince sur une aire ou sur des tuiles, toujours au soleil, pour le faire sécher. Lorsque le grain ne contient plus d'eau, on le passe entre deux meules légères en calcaire dur, dont la supérieure est mise en mouvement par une femme. Le grain ne se réduit pas en farine comme dans l'état ordinaire, mais se casse en grumeaux un peu plus gros que du millet à grappes ; ces grumeaux sont de nouveau exposés au soleil ; puis on les vanne pour les séparer de l'écorce ou de l'endocarpe du blé qui s'est détaché. »

Quand le couscous est suffisamment sec, on le renferme dans des peaux de mouton et de chèvre, et on le conserve ainsi indéfiniment au sec sous la tente.

Pour manger le couscous, on le fait bouillir dans de l'eau : on l'assaisonne avec du beurre, du sel et du felfell (piment) ; quelquefois on y ajoute des morceaux de viande de mouton. Mais les grumeaux restent toujours durs et en font une nourriture assez pénible pour le gosier européen.

III. — *La diffa*.

La *diffa* arabe consiste en une sorte de réception ou d'hospitalité offerte par un chef, une tribu ou un particulier à une troupe de passage, à une autorité militaire, religieuse ou civile, et même à de simples voyageurs.

L'hospitalité arabe est depuis longtemps proverbiale. Riche ou pauvre, le musulman doit asile et nourriture au voyageur qui se présente à la porte de son logis en prononçant les paroles sacramentelles : « O maître de la tente, voici un envoyé de Dieu. » A quoi l'on répond : « La bienvenue soit avec toi ! » A partir de ce moment, l'étranger n'a plus à s'occuper ni de sa personne, ni de ses serviteurs, ni de sa monture.

Nous extrayons d'*Une excursion dans le Sahara*, par M. de Bellemare, la description détaillée d'une diffa. « Le maître de la maison parut, portant lui-même un bâton de dix pieds environ, gros comme le bras, au milieu duquel pendait un mouton rôti dans son entier. Chacun de nous, après avoir reçu un pain arabe, qui ressemble assez à une galette épaisse ou à un de ces pains plats que l'on sert dans nos restaurants, put sa-

satisfaire son appétit, non pas — du moins pour ceux d'entre nous initiés aux mœurs indigènes — sans avoir prononcé les mots par lesquels tout repas doit commencer et finir, les mots : *Bism Illah*, au nom de Dieu, qui sont les premiers du Coran.

Plus d'un lecteur se demande déjà comment il est possible, sans aucun accessoire ressemblant à une fourchette ni même à un couteau, de venir à bout d'un mouton entier. Voici. Un mouton est saigné, écorché, vidé en un instant, puis empalé avec le bâton ci-dessus. Avant de le placer sur le brasier qui l'attend, une importante opération doit être exécutée. De chacun des côtés de l'épine dorsale et dans toute sa longueur est faite une incision qui va jusqu'aux côtes ; sur cette première incision et perpendiculairement à elle se greffent vingt ou trente incisions plus petites, faites à la distance d'un pouce l'une de l'autre. Dans cet état, le mouton est placé au-dessus d'un feu très clair et tourné par deux hommes pendant le temps nécessaire à la cuisson. L'action du feu, raccornissant les chairs, ne tarde pas à élargir les traces à peine visibles du couteau et à séparer chaque tranche qui offre ainsi à la main une prise facile. C'est de la main, en effet, qu'il faut se servir pour manger.

Quànd le mouton est réduit à l'état de squelette, un immense couscous est servi dans un grand plat de bois. Pour en manger on ne peut user de l'instrument tout primitif dont on se sert pour le rôti. Aussi chaque convive reçoit-il une cuiller en bois, dont la forme se rapproche assez de nos cuillers à soupe, avec cette différence qu'elle est moins profonde. Muni de cet ustensile, il va puiser dans l'immense gamelle le couscous qu'elle renferme, réservant les doigts pour saisir les morceaux de viande qui le recouvrent. »

Le mouton rôti, le couscous, tels sont deux des plats qui composent le repas arabe, il en est un troisième que l'on nomme *hamis*. Dire de quoi il se compose, j'avoue que ce me serait impossible : je sais seulement qu'il y entre un grand nombre de morceaux découpés et une grande quantité de poivre rouge. Le tout est mélangé dans une sauce semblable à celle d'un civet de lièvre, à laquelle le poivre aurait donné une couleur rougeâtre. Il est facile de comprendre qu'un tel assaisonnement fasse éprouver, de prime abord, une grande cuisson au palais. Cette sensation est, du reste, dissipée après les trois ou quatre premières bouchées, et l'on ne sent plus qu'un goût un peu fort, si l'on veut, mais qui n'est pas désagréable.

Ai-je besoin de dire que les doigts sont les seuls auxiliaires auxquels on ait recours pour manger ce plat ; que c'est avec les doigts qu'on est obligé d'aller à la recherche des morceaux de viande souvent recouverts par la sauce et que, quant à la sauce, le seul moyen de la goûter c'est de la puiser en y trempant des morceaux de pain ?

Des Arabes m'ont assuré que c'est au poivre du hamis qu'ils doivent la beauté de leurs dents. Sans ajouter absolument foi à leur affirmation, je suis cependant assez disposé à croire que le poivre y est pour quelque chose, ainsi que le remplacement de l'eau par le lait pour beaucoup. Il est, en effet, à remarquer que plus on avance vers le sud, plus les dents des Arabes sont éclatantes de blancheur, et cela sans qu'ils en prennent soin. Une autre raison m'a été donnée par un Arabe pour m'expliquer la beauté des dents des habitants du Sahara : « C'est que, disait-il, nous ne mangeons jamais trop chaud et ne buvons jamais trop froid. »

Trois boissons peuvent figurer dans les repas arabes : l'eau, le lait et le *leben* ou lait aigre. Elles se servent dans de grands vases appelés *mordjen*, ordinairement en fer-blanc. Tant qu'il y a un contenu, ces vases se passent de l'un à l'autre et chacun boit alternativement suivant sa soif. Le vase vidé est immédiatement rempli. Le Français boit toutes les fois qu'il a soif ; il n'en est pas ainsi de l'Arabe : il n'a soif qu'une fois par repas, ou du moins il ne boit qu'une fois, ordinairement à la fin. Le café sert naturellement de clôture au dîner. Une dernière opération reste à faire après le repas — car il est facile de comprendre qu'on ne se sert pas impunément de ses doigts — c'est le lavage des mains, auquel les Arabes ajoutent, suivant les prescriptions du Coran, le rinçage de la bouche et la formule qui termine comme elle commence les repas : *Bism illahi !*

De nos jours les diffas offertes par les chefs arabes qui ont été mis à même d'apprécier le confortable des réceptions françaises sont empreintes d'une certaine originalité. Cherchant à nous imiter dans la mesure du possible, ils agrémentent la traditionnelle *diffa* des raffinements qui les ont le plus frappés dans nos repas européens et nos réceptions officielles.

Il est, dès lors, facile de comprendre combien l'hospitalité ainsi offerte doit être pittoresque !

IV. — *Amulettes et talismans*

Le *mauvais œil* ou *œil envieux*, accusé de toutes les maladies, de tous les événements fâcheux qui surviennent, c'est la croyance de tout Oriental. Ce sont les marabouts qui donnent et fabriquent les talismans, *telsmn*, auxquels est reconnu le pouvoir préservateur.

Il y en a de plusieurs catégories ; ils sont doués de vertus particulières ; quelques-uns tiennent lieu de remèdes, et un certain nombre sont en grande réputation.

Un médecin arabe satisfait sa pratique en lui vendant un chiffon, un morceau de papier, un fragment de parchemin, sur lesquels sont écrits les noms d'Allah et des prophètes et certains versets du Coran. C'est le préservatif le plus usuel, l'amulette étant à bon marché.

En dehors de cela, il existe toute une pharmacopée talismanique en pierres plus ou moins précieuses, tantôt dépourvues d'inscriptions, tantôt chargées de formules religieuses, mais toutes évidemment infaillibles aux yeux des croyants.

On sait, par exemple, que les Orientaux regardent la topaze comme un spécifique souverain contre la jaunisse et les affections de la bile et du foie. La cornaline ou sardoine, la gemme rouge, qu'ils appellent pierre de sang, est excellente contre le flux de sang et l'hémorragie. Les nourrices manqueraient à tous leurs devoirs si elles ne portaient pas de bagues dont les chatons sont des turquoises qui sont censées augmenter la qualité nutritive de leur lait. Le rubis fortifie le cœur, écarte la peste, éloigne la foudre, apaise la soif. L'émeraude guérit la piqûre des vipères et toutes les blessures venimeuses; bien plus elle aveugle les serpents auxquels on la présente, elle chasse les djinns ou mauvais esprits; c'est un spécifique infaillible contre l'épilepsie, les douleurs de l'estomac et les maux d'yeux, si fréquents dans le Sahara. Le diamant n'est pas doué de moindres vertus. La cornaline possède encore le pouvoir de calmer la colère et les rages de dents; elle préserve de la mauvaise fortune et est pour son heureux propriétaire un gage de félicité constante et de longue vie. L'hématite calme les douleurs de la goutte et des rhumatismes, fait avorter les fièvres pernicieuses et annihile l'effet des poisons. Le jade garantit contre la foudre et les cauchemars. Enfin, la gemme connue sous le nom d'œil-de-chat préserve de l'influence des mauvais regards et met à l'abri des coups du sort; dans un combat, elle va jusqu'à rendre celui qui la porte invisible aux yeux de son ennemi.

Ces précieuses recettes et mille autres sont consignées par Teyfâchy dans un manuscrit qui est conservé à la Bibliothèque nationale. Cette bizarre pharmacie des gemmes occupe tout l'ouvrage de l'écrivain arabe : on y trouve les spécifiques les plus inattendus contre la fièvre, la gale, la peste, les plaies, les blessures, et jusqu'à des préservatifs contre les chutes de cheval !

VI. — *Le mariage*

Le mariage, chez les indigènes des Zibans, comme chez les autres populations musulmanes, est en même temps une cérémonie religieuse et une espèce de marché extrêmement curieux.

Les hommes et les femmes ne peuvent point communiquer entre eux. Les filles qui ont atteint l'âge de puberté ne sortent que très rarement ; il en est de même des jeunes femmes. Il n'y a que celles déjà d'un certain âge qui soient libres de sortir, le visage voilé — du moins dans les villes — de manière qu'on ne puisse voir que les yeux; elles sont enveloppées de tant de vêtements qu'on peut les comparer à des paquets de linge ambulants.

Les Arabes ne laissent guère pénétrer leurs amis chez eux. Ils les reçoivent dans le vestibule, en dehors de la tente ou à l'entrée de la maison, assis sur des tapis, des nattes, ou des sièges en terre, les jambes croisées, fumant leur pipe et buvant du café maure.

Cette manière de vivre s'oppose à ce que les jeunes gens puissent prendre contact avec les jeunes filles et leur faire la cour. Aussi les mariages se font-ils par arrangements entre parents ou par commérages, sans que les enfants se soient jamais vus. Il arrive quelquefois qu'un jeune homme ayant entendu beaucoup vanter la beauté et les vertus d'une jeune fille, se monte l'imagination et s'éprend d'elle. Dès lors il emploie tous les moyens pour acquérir des renseignements. S'il ne peut décider sa mère à l'aller voir pour se rendre personnellement compte de toutes les qualités qu'il a entendu prôner, il s'adresse à une vieille femme connue pour négocier des mariages. — et il y en a beaucoup — il lui promet des cadeaux et de l'argent si elle veut aller dans la maison de la jeune fille s'assurer de tout ce qu'il a ouï dire et venir lui en rendre compte.

La messagère s'introduit dans la maison en prétextant une autre raison que celle qui l'amène et, tout en causant avec les parents, elle ne manque pas de leur faire comprendre adroitement sa mission, surtout si le jeune homme est riche. Quand ceux-ci trouvent le parti avantageux, ils font à cette femme des cadeaux et de belles promesses, pour l'engager à vanter les qualités et la beauté de leur fille, et la négociation se trouve ainsi payée par les deux parties. De retour auprès de celui qui l'a envoyée, la vieille fait un rapport moins dicté souvent par les charmes de celle qu'elle est allée voir que par la manière dont elle a été traitée par ses parents. C'est là ce qui fait que beaucoup de maris trompés répudient leurs femmes peu de temps après les avoir épousées. Quand un jeune homme est satisfait des informations qu'il a fait prendre, il engage son père, ou son plus proche parent, s'il n'a pas de père, à la demander en mariage.

De quelque manière que les préliminaires aient eu lieu, les pères qui sont tombés d'accord pour unir leurs enfants se rendent chez le cadi et, devant ce magistrat, ils déclarent leurs intentions et stipulent la somme que le futur est convenu de donner à son épouse. Après cette déclaration qui est inscrite sur un registre, le cadi fait apporter de l'eau sucrée qu'il boit avec les contractants ; ensuite ils se prosternent tous les trois et adressent à Dieu une prière (*feata*), pour lui demander de bénir l'union qu'ils viennent de conclure. Avant de se séparer, les parents fixent devant le cadi le jour où la jeune fille sera conduite chez son époux. En attendant ce moment, elle travaille à faire une gandoura et une seroual pour son mari, qui doit s'en parer le jour des noces.

Ce jour arrivé, la jeune épouse prend un bain, après lequel on la pare de ses plus beaux habits : le dedans de ses mains et le dehors de ses pieds sont teints en rouge avec du henné ; on lui dessine une fleur au milieu du front ; ses sourcils sont peints en noir ; on trace avec un bouchon brûlé des lignes en zigzag sur ses mains. Ainsi apprêtée elle s'assied très gravement sur un divan, où elle attend le coucher du soleil, heure à laquelle ses parents, ainsi que ceux de son futur, hommes et femmes, avec ses meilleures amies qui ont ordinairement assisté à sa toilette, viennent la prendre pour la conduire chez son mari.

Deux vieillards prennent alors la jeune épouse par la main et se mettent en marche vers sa nouvelle demeure, suivis de toutes ses connaissances qui font entendre, durant le trajet, le cri de joie des femmes arabes : You! You! You!...

Dans la maison du futur, une chambre superbement décorée et illuminée avec des bougies et des verres de couleur a été préparée d'avance : la jeune épouse y est conduite avec toutes les femmes qui l'ont accompagnée. Là, on leur sert un repas copieux et elles restent jusqu'à minuit à boire, manger et se divertir entre elles. Les hommes, qui sont demeurés sous la galerie, mangent à part dans une autre pièce. Le mari n'est point avec eux ; il dîne seul dans une chambre, afin probablement que les convives ne l'excitent point à l'intempérance et qu'à l'heure fixée par l'usage il puisse se présenter décemment à celle dont il s'est chargé de faire le bonheur. Cette heure c'est minuit. Tous les convives se retirent.

Les Musulmans sont polygames. Toutefois les habitants des villes usent rarement de la permission que leur accorde le Coran ; presque tous, en effet, n'ont qu'une femme légitime.

CHAPITRE III

PROVERBES ARABES

Nous avons recueilli, soit de vive voix, soit dans les écrits arabes, quelques proverbes qui se rapprochent souvent des nôtres et où il est facile d'étudier le génie à la fois pratique et poétique de ce peuple singulier.

Le chameau tendit la tête par la fenêtre, on lui dit : « Attention ! tu vas tomber ! » il répondit : « Le poids est encore par derrière. »

Mieux vaut être aveugle des yeux que du cœur.

Donne-moi de la laine et demain tu auras un mouton.

La tête où il n'y a pas de fierté mérite plutôt d'être coupée.

Celui-ci est un imbécile, applaudis-le et il dansera.

Dans la maison où il n'y a pas d'enfants, il n'y a pas de lumière.

Allonge tes pieds en proportion de ton tapis.

O mon besoin, parle-moi ; et non pas : voisine, prête-moi.

La lenteur vient de Dieu et la précipitation du diable.

Il n'est plus temps de tirer des plans après avoir fait le plongeon.

Les paroles de l'ami font pleurer, celles de l'ennemi font rire. Prends conseil de celui qui te fait pleurer.

Le sillon tordu provient du grand taureau.

La précipitation engendre le repentir.

L'arbrisseau qui produit la rose produit aussi l'épine.

Le sommeil ne vient ni à celui qui a froid, ni à celui qui a faim, ni à celui qui a peur.

L'huile ne vient que par le pressoir.

La maladie vient par quintaux et la santé par onces.

Un trésor auquel on ne touche pas ne sert à rien.

La joie ne dure que sept jours, la tristesse toute la vie.

Accompagne un convoi funèbre, mais ne te mêle pas d'une noce.

Qu'il est doux de tromper un trompeur !

Baise la main que tu ne peux mordre et prie pour qu'elle soit brisée.

Le témoin du chien c'est sa queue.

Dieu envoie les pois chiches grillés à qui n'a pas de dents.

L'un pêche, tandis que l'autre mange le poisson.

La beauté de l'homme est dans son esprit, l'esprit de la femme est dans sa beauté.

Il vaut mieux employer le sabre contre celui sur qui la parole n'a pas d'effet.

Fumée qui aveugle vaut mieux que froid qui tue.

Ferme ta porte et aie confiance en ton voisin.

Laisse les autres te vanter.

S'il avait été bon pour le labour, on ne l'aurait pas vendu.

La subsistance viendra : à quoi bon se donner du mal ?

Le jour où tu entreras dans la tombe, tu sauras le grand problème.

Dans une bouche qui sait se taire une mouche même ne pourrait entrer.

Tel qui engraisse maigrira ; tel qui plane dans les airs tombera.

Le lait frais pour les amis, le lait caillé pour les parents, le petit-lait pour les chiens.

Verse-lui à boire et interroge-le.

L'ignorance est l'acolyte de la mort.

Pour un œil mille yeux sont honorés.

L'éducation de l'homme vaut mieux que l'or qu'il possède.

Le malheur de l'homme vient de sa langue.

On guérit de toutes les blessures excepté de celle de la calomnie.

Tout voleur est défiant, tout galeux se gratte.

Creuse une fosse pour autrui, tu y tomberas.

Chose vaine et inutile, comme de la mousse de savon dans un filet, comme si l'on battait le fer froid, comme si on voulait mesurer les flots de la mer.

Ne dis pas : j'ai des fèves, avant que les fèves soient dans le boisseau.

La femme ressemble à un bouquet ; partout où elle va, elle exhale son parfum.

Ce qui fait apprécier la douceur du repos, c'est la fatigue.

La fainéantise est douce comme le miel.

Le témoignage des choses vaut mieux que celui des hommes.

Les cordes de laine c'est mou, mais ça vous étrangle.

Médiocrité qui dure vaut mieux que richesse qui s'épuise.

Le serpent à l'étroit se mord le ventre.

Mon frère et moi contre mon cousin, mon cousin et moi contre l'étranger.

Donne à crédit et tu écouleras ta marchandise, réclame ta créance et tu auras une querelle.

Femme sans pudeur est comme manger sans sel.

La persévérance use la margelle du puits.

Celui qui ne voit pas à travers le cercle du tamis est aveugle.

La peur fait passer la douleur.

Tu es comme la gargoulette d'huile, quiconque te prend se poisse.

Qui reçoit les coups de bâton n'est pas comme celui qui les compte.

Pile l'eau : elle restera eau.

L'autre monde est une habitation dont le monde actuel est le vestibule.

Un peu d'aisance avec la paix du cœur vaut mieux que beaucoup de richesses avec des soucis.

La vie est courte, comme si on traversait l'ombre d'un arbre.

Nous ne sommes que de l'herbe que la mort pâture.

L'aisance rend l'homme frugal, la misère le rend cupide.

Celui qui vise aux emplois élevés passe les nuits sans dormir.

L'amour s'attacherait à un morceau de bois sec (tant il est aveugle).

Mieux vaut être brûlé vif qu'arraché de la patrie.

Correspondre par lettre, c'est se rapprocher à moitié.

La mort est une couverture d'or.

Engraisse ton chien, il te dévorera.

Quand un pauvre vient à s'enrichir, prie pour sa raison.

La connaissance des langues perfectionne l'homme.

Le mouvement est une bénédiction.

Ce qui est passé est mort.

Si l'on vous bat, on vous aime.

Si tu suis la profession de ton père, on ne te vaincra pas.

Mieux vaut un ennemi sage qu'un sot ami.

A l'heure de l'adversité et de la gêne, l'ami se distingue de l'ennemi.

Il faut se méfier de la forêt, de la nuit et des ruines; n'y dire que du bien des autres.

Fréquente le parfumeur, tu t'imprégneras de

bonnes odeurs ; fréquente le forgeron, tu te couvriras de charbon ; fréquente le souverain, tu gagneras les soucis.

Bonjour, mon voisin ; reste dans ta maison et je resterai dans la mienne.

Il a jeûné toute l'année, et il a rompu le jeûne pour un oignon.

Celui que tu prends pour ami, ne te joue jamais de lui.

Il s'est muni de bois vert avant de faire sa demande en mariage.

Ton ami, fais-lui face ; et ton ennemi, mets-le de côté.

J'aime mieux lécher ma pierre à rasoir et dormir tranquille.

Elle est allée acheter un quart de mesure, et elle est restée absente une semaine.

Il a appris à raser en s'exerçant sur les têtes des orphelins.

L'intelligent comprend au coup d'œil, le sot comprend au coup de poing.

Amitié des lèvres, mais le cœur fuyant.

Qui vole une aiguille volera une vache.

Un cavalier sans armes est un oiseau sans ailes.

Il n'y a que le mulet qui renie son origine.

On ne devient cavalier qu'après avoir été brisé.

En l'absence des lions, les hyènes s'amusent.

Si ton voisin te prend en grippe, change la porte de ta maison.

Recherche le voisin avant la maison et le compagnon avant la route.

Celui qui fait le bien récolte la paix, et celui qui fait le mal récolte le remords.

Un grain emprunté peut ruiner un pays.

L'ennemi ne devient jamais ami, et le son ne devient jamais farine.

Si le juge devient ton adversaire, tu n'as qu'à plier ta natte et ta tente.

Il a prolongé l'absence, et il est revenu avec la déception.

Ton oiseau s'est envolé, un autre l'a pris.

L'aboiement des chiens n'inquiète pas les nuages.

Il vaut mieux être lapidé à coups de briques que de fuir.

Un sou dans le nœud du mouchoir vaut mieux que dix dehors.

Une corde pour cadeau et pour récompense un chameau.

Le plus petit des rats est puissant dans son trou.

Il s'est sauvé de l'ours et il est tombé dans le puits.

Le vin est le savon des soucis.

Des proverbes arabes nous n'avons recueilli que les plus usuels ; il en existe mille autres que nous ne pouvons citer ici, mais dont la vérité ne le cède qu'au pittoresque.

Nous aurions voulu y ajouter les formules de la civilité arabe, qui tiennent une si grande place dans la vie quotidienne. En effet, c'est ce qu'il importe le plus de connaître lorsqu'on est appelé à vivre avec ce peuple : car, si à chaque instant, on trahit par des manières en opposition avec les siennes une origine étrangère, l'Arabe se tient vis-à-vis de vous sur la défensive et cherche à paraître non pas tel qu'il est en réalité, mais tel qu'il a intérêt à être jugé.

Au contraire, parlez convenablement sa langue, en vous conformant aux règles de sa politesse, ne froissez ni ses mœurs, ni ses préjugés, ni sa religion, il arrivera que, oubliant sa défiance, l'indigène vous regardera comme un des siens et vous pourrez habilement profiter de cette inadvertance momentanée pour, je ne dirai pas lire dans sa pensée, mais au moins la deviner.

Or il existe pour les salutations, pour aborder les juifs, demander des nouvelles de la famille, d'un voyage, pour se dire adieu, pour faire des souhaits à quelqu'un qui éternue, qui vient de boire, les vœux avant et après le repas, les remercîments, les consolations, les condoléances, les prières, les serments, des formules traditionnelles et des tournures reçues qu'il faut connaître et employer si l'on veut fréquenter chez les indigènes.

Nous renvoyons nos lecteurs désireux d'études plus complètes aux ouvrages du général Daumas, en ayant soin de leur faire observer que la connaisance de la civilité arabe est d'autant plus nécessaire que les musulmans, à quelque classe de la société qu'ils appartiennent, manquent rarement à ces règles, et que par conséquent toute infraction est par cela même plus remarquée.

CONCLUSION

Et maintenant, que dirai-je en terminant cet opuscule ? Biskra, les Zibans, le Sahara Algérien ne sont pas, certes, condamnés à l'éternelle solitude. Ils étaient prospères autrefois. Grâce aux initiatives fécondes qui rendent à la surface du sol l'eau cachée dans les entrailles de la terre, ils ressuscitent aujourd'hui. Les oasis se multiplient, se développent, et là où s'étendaient hier des espaces consumés, les jeunes palmiers, ces véritables conquérants du désert, déploient leurs panaches de verdure.

C'est le dattier, en effet, qui fit jadis la richesse des Sahariens, comme l'olivier fit celle des Kabyles ; c'est le dattier qui la leur rendra.

S'ils ne possédaient le palmier, qui leur procure la moitié de l'alimentation et les moyens d'acheter l'autre moitié, il est évident que les

Sahariens mourraient d'inanition et que leurs oasis seraient bientôt reconquises par le sable.

Aussi chacun de ces arbres sauveurs est-il aimé comme un enfant. On l'entoure de soins, on l'arrose, ou l'émonde, on verse sur les fleurs de ses régimes le pollen fécondant, on le traite comme un membre de la famille, comme un être doué de sentiments, qui sait témoigner sa reconnaissance par une abondante récolte ou son mécontentement par son improduction. « Quand on abat un palmier vivant, dit une légende rapportée par Michelet, l'arbre pousse des cris comme un enfant et ses bourreaux sont émus. » Aussi le droit musulman, s'il permet de tuer les hommes, défend-il de toucher aux palmiers.

Et voilà pourquoi, d'après une statistique prise en 1884, l'ensemble des palmeraies sahariennes de l'Algérie ne comprend pas moins de trois millions d'arbres dont le revenu dépasse soixante millions. Voilà pourquoi, dis-je, dans quelques oasis, notamment dans le Mzab, la valeur d'un palmier en plein rapport s'élève jusqu'à huit cents francs.

Malgré l'ardeur du climat, je crois invinciblement à l'avenir de ces contrées; car si le soleil tue, le soleil aussi vivifie : qu'on crée des voies ferrées et l'on verra de quelle vitalité est doué ce sol depuis si longtemps reposé, vierge encore en certains endroits, et ce que l'on peut faire avec seulement de l'eau et du soleil!

Pour moi, il m'a toujours attiré irrésistiblement ce soleil ardent, ce ciel si bleu. Je l'ai cherché partout dans ma jeunesse, et quand je l'ai trouvé là-bas, dans les plaines infinies de cette Afrique où j'ai dépensé les plus belles années de ma vie, il m'a semblé être plus près de Dieu. Aussi plus tard, quand la froide vieillesse commencera à glacer le sang dans mes veines, j'irai le réchauffer au beau soleil de Biskra et c'est dans le grand désert que je lui donnerai mes ossements à blanchir.

Paris, septembre 1898.

TABLE DES MATIÈRES

Introduction 5

PREMIÈRE PARTIE

L'arrivée à Biskra 9
L'installation 20
Biskra. — Excellence de son climat. . . . 24
Description et histoire 32
Biskraville 36
Le vieux Biskra et ses ksours. 47
La Cie de Biskra. — Forages artésiens. —
   Hammam 67
Artistes et visiteurs de marque 77
Le Transsaharien 83
Les courses, les chasses 89

DEUXIÈME PARTIE

Aïn Oumache. — Oued Djeddi. — Saada . . 101
Branis. — Col de Sfa 106

Sidi Okba	111
Chetma. — Droh. — Sidi-Khelil. — Seriana. Garta. — Thoudda	118
Autres oasis du Chergui	125
Les oasis du sud. — De Biskra à Ouargla	135
Le Zab Dahraoui	151
Le Souf. — Les dunes. — Les vents	158

TROISIÈME PARTIE

La population de Biskra et des Zibans	165
Les nomades	177
Proverbes arabes	199
Conclusion	209

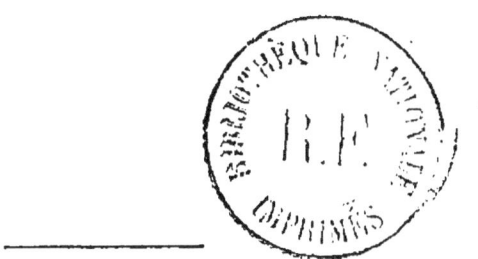

DIJON. — IMPRIMERIE DARANTIERE, RUE CHABOT-CHARNY, 65

Augustin CHALLAMEL, Éditeur
17, Rue Jacob, Paris.
LIBRAIRIE MARITIME ET COLONIALE

Excursions sur le réseau de la Compagnie des chemins de fer de l'*Est algérien*. In-12 cartonné toile, avec dessins par Ch. Lallemand et G. Gotorbe, avec la carte du réseau et les plans d'Alger, de Constantine et de Bougie, in-18 cartonné toile 2 50

L'Ouest de l'Algérie. Réseaux exploités par la *Compagnie de l'Ouest algérien*, lignes de l'Ouest algérien et de la Compagnie Franco-Algérienne, par Ch. Lallemand. In-8, accompagné de nombreuses gravures . . . . . 2 »

Géographie générale de l'Algérie et guide du voyageur, par O. Niel, professeur d'histoire et de géographie au collège de Bône. 3e édition revue, corrigée et accompagnée de cartes. 1 fort vol. in-18 . . . . . . 8 »

De Mogador à Biskra. *Maroc et Algérie*, par Jules Leclercq. In-18 avec carte 3 50

En Algérie. *Souvenirs d'un Provinois*, par E. Bourquelot. In-18 . . . . 3 50

L'hiver à Alger, par Charles Desprez. In-18, 5e édition revue et corrigée 3 50

Le Livre d'Or de l'Algérie. Biographie des hommes ayant marqué dans l'armée, les sciences, les lettres, etc., de 1830 à 1880, par Narcisse Faucon, publiciste. 1 vol. grand in-8 illustré. 7 50

L'Exploration du Sahara, étude historique et géographique, par P. Vuillot, membre de la Société de Géographie ; préface du colonel prince de Polignac. 1 fort volume in-4 accompagné de 45 cartes itinéraires, 12 plans et une carte du Sahara en couleurs au 1/4 000.000e . . 20 »

Les Touareg du Nord (exploration du Sahara), par Henri Duveyrier, 1 beau vol. in-8 avec 31 planches et une carte . . . . 25 »

Le M'zab et les M'zabites, par le Dr Ch. Amat, médecin-major. In-8 accompagné de 4 cartes et de 2 tableaux. 7 »

Les Français dans le désert, par le colonel C. Trumelet. Journal historique, militaire et descriptif d'une expédition aux limites du Sahara algérien. 2e *édition*, revue et augmentée, ornée de cartes et plans. 1 vol in-8. 7 50

www.ingramcontent.com/pod-product-compliance
Lightning Source LLC
Chambersburg PA
CBHW051910160426
43198CB00012B/1836